UMA GUERRA DE COR, GÊNERO E CLASSE
POLÍTICA DE DROGAS E CRIMINALIZAÇÃO DE MULHERES EM SALVADOR/BA

Débora Moreno

Copyright © 2023 by Editora Letramento
Copyright © 2023 by Débora Moreno

Diretor Editorial Gustavo Abreu
Diretor Administrativo Júnior Gaudereto
Diretor Financeiro Cláudio Macedo
Logística Daniel Abreu e Vinícius Santiago
Comunicação e Marketing Carol Pires
Assistente Editorial Matteos Moreno e Maria Eduarda Paixão
Designer Editorial Gustavo Zeferino e Luís Otávio Ferreira

Conselho Editorial Jurídico

Alessandra Mara de Freitas Silva	Edson Nakata Jr	Luiz F. do Vale de Almeida Guilherme
Alexandre Morais da Rosa	Georges Abboud	Marcelo Hugo da Rocha
Bruno Miragem	Henderson Fürst	Nuno Miguel B. de Sá Viana Rebelo
Carlos María Cárcova	Henrique Garbellini Carnio	Onofre Alves Batista Júnior
Cássio Augusto de Barros Brant	Henrique Júdice Magalhães	Renata de Lima Rodrigues
Cristian Kiefer da Silva	Leonardo Isaac Yarochewsky	Salah H. Khaled Jr
Cristiane Dupret	Lucas Moraes Martins	Willis Santiago Guerra Filho

Todos os direitos reservados. Não é permitida a reprodução desta obra sem aprovação do Grupo Editorial Letramento.

Dados Internacionais de Catalogação na Publicação (CIP)
Bibliotecária Juliana da Silva Mauro - CRB6/3684

M843g   Moreno, Débora
Uma guerra de cor, gênero e classe : política de drogas e criminalização de mulheres em Salvador/BA / Débora Moreno. - Belo Horizonte : Letramento, 2023.
150 p. ; 23 cm.
Inclui bibliografia e apêndice.
ISBN 978-65-5932-318-0
1. Mulheres. 2. Patriarcado. 3. Racismo. 4. Capitalismo. 5. Guerra às drogas. I. Título.
CDU: 343.914   CDD: 341.775

Índices para catálogo sistemático:
1. Mulheres e crime 343.914
2. Tráfico de drogas 341.775

LETRAMENTO EDITORA E LIVRARIA
Caixa Postal 3242 – CEP 30.130-972
r. José Maria Rosemburg, n. 75, b. Ouro Preto
CEP 31.340-080 – Belo Horizonte / MG
Telefone 31 3327-5771

É O SELO JURÍDICO DO
GRUPO EDITORIAL LETRAMENTO

9 **Agradecimentos**

13 **Lista de abreviações**

15 **Prefácio**

19 **1. Apresentação**

33 **2. Controle punitivo das mulheres em uma sociedade de classes racista e patriarcal**

34 **2.1. GÊNERO E RAÇA EM UMA SOCIEDADE DE CLASSES**

34 2.1.1. O CAPITALISMO E A DIVISÃO DA SOCIEDADE EM CLASSES

38 2.1.2. O RACISMO EM UMA SOCIEDADE DE CLASSES

44 2.1.3. MULHERES E O PATRIARCADO EM UMA SOCIEDADE DE CLASSES

50 **2.2. O PUNTIVISMO A PARTIR DA MODERNIDADE E O CONTROLE DOS CORPOS FEMININOS**

50 2.2.1. A PERSEGUIÇÃO DE MULHERES NA INQUISIÇÃO E A INAUGURAÇÃO DA PUNIÇÃO NA MODERNIDADE

55 2.2.2. A CRIMINOLOGIA MODERNA E OS ESTEREÓTIPOS DA MULHER CRIMINOSA

59 2.2.3. O CONTROLE DAS MULHERES ATRAVÉS DO CÁRCERE NA ATUALIDADE

65 **3. Guerra às drogas e o encarceramento feminino**

66 **3.1. A QUEM SERVE A GUERRA ÀS DROGAS E O ENCARCERAMENTO EM MASSA?**

66 3.1.1. O SISTEMA CRIMINAL E OS CAMINHOS PARA O ENCARCERAMENTO EM MASSA

73 3.1.2. GUERRA ÀS DROGAS

83 **3.2. GUERRA ÀS DROGAS E O ENCARCERAMENTO FEMININO**

93   4. Sentenças de mulheres condenadas pela prática de tráfico de drogas em Salvador

94   4.1. METODOLOGIA

99   4.2. ANÁLISE DAS CATEGORIAS QUE EMERGIRAM A PARTIR DO ESTUDO DAS SENTENÇAS

100   4.2.1. ATIVIDADE POLICIAL

100   A. AUSÊNCIA DE INVESTIGAÇÃO PRÉVIA

101   B. ABORDAGEM POLICIAL

103   4.2.2. CRIMINALIZAÇÃO POR COABITAÇÃO

106   4.2.3. PROVAS E O CONVENCIMENTO DAS MAGISTRADAS/OS

106   A. INTENCIONALIDADE NO MANEJO DAS PROVAS

109   B. CONFISSÃO EM SEDE DE INQUÉRITO

111   C. PROVA TESTEMUNHAL E A CONVICÇÃO NAS CONDENAÇÕES: A IMPORTÂNCIA DOS POLICIAIS

114   4.2.4. REFLEXÕES A PARTIR DA DOSIMETRIA DAS SENTENÇAS

114   A. PRIMARIEDADE E OLHAR DOS MAGISTRADOS/AS

117   B. INDIVIDUALIZAÇÃO DAS CONDUTAS E DOSIMETRIA DAS PENAS

119   4.2.5. ASPECTOS ESTIGMATIZANTES E/OU MORALISTAS RELACIONADOS DIRETA E INDIRETAMENTE À POLÍTICA DE DROGAS

122   4.2.6. MULHERES INVISÍVEIS

125   5. Considerações finais

133   Referências

145   Apêndice

Para às que me antecederam e tornaram meus passos possíveis e para às que virão.

Para Iolanda Moreno e Verônica Conceição (*in memoria*)

Agradecimentos

À todas as mulheres que sucumbiram e às que resistem nesse mundo que insiste em nos matar, enquanto nós insistimos em permanecer vivas. Agradeço especialmente às mulheres massacradas por essa guerra ininteligível.

Às minhas ancestrais, especialmente minha avó Iolanda, que sob dolorosas penas, teimou em ser feliz, abrindo os caminhos para que hoje eu pudesse trilhar minha própria caminhada.

À minha Malu, que desperta o meu melhor e me desafia a me reinventar. À ela que me empresta seu olhar e me faz lembrar que ainda há beleza no mundo. À ela que me ensina a repensar o tempo e o espaço, me convidando todos os dias a bailar com ela suspensa no ar, suspensa nas horas. Estamos juntas no aqui e no agora.

À minha mãe que ultrapassa os limites do seu próprio corpo para me dar a mão e me puxar de qualquer lugar doloroso em que me encontre.

Ao meu pai, por seu acolhimento e seu exemplo ético, farol na ausência de luz.

A Fábio por toda cumplicidade, por todo amor, por ser minha melhor risada, por dividirmos também as lágrimas, por se fazer porto seguro em mar revolto. Obrigada, meu amor.

Aos meus irmãos e irmã com quem divido a caminhada e as gargalhadas.

Aos meus familiares, que me contagiam com seu exemplo de resistência e alegria a todo tempo.

À força tarefa que permitiu que eu concluísse esta pesquisa, em especial Jones e Dan e toda sua disponibilidade e afeto.

Às companheiras dos movimentos sociais que me aceitam ao seu lado nas trincheiras de luta e resistência.

Às minhas amadas amigas zeferinas, que nas incontáveis formações e conversas calorosas, no bar, na praia, ou nas madrugadas nos acampamentos dos movimentos sociais me encheram de dúvidas sobre o mundo, plantando em mim a sementinha do feminismo antirracista e anticapitalista que hoje cresce como árvore.

Às amigas que fiz ao longo da vida, da minha trajetória acadêmica e profissional, que me moldaram nas inúmeras trocas ao longo da minha caminhada.

Às amigas que fiz em razão da maternidade e que hoje conformam uma deliciosa rede de apoio, na qual posso me refugiar e me acalentar. A elas por me ajudar a reconhecer as dificuldades que se impõem às mães e as abdicações injustas que nos são impostas disfarçadas de escolhas. A elas por serem torcida tão animada e impulsionadora para que eu conseguisse finalizar este processo.

À minha orientadora que sempre me incentivou, sem jamais pestanejar em acreditar na minha potencialidade.

Às professoras da banca por sua compreensão a respeito das dificuldades que enfrentei para finalizar esta pesquisa.

Às pesquisadoras, em especial as pesquisadoras soteropolitanas, pela generosidade em compartilhar suas produções, fundamentais para a realização deste trabalho.

Lista de abreviações

CP	Código penal
CPFS	Conjunto Penal Feminino de Salvador
CPP	Código de Processo Penal
EUA	Estados Unidos da América
IML	Instituto Médico Legal
INPDD	Iniciativa Negra por uma nova Política de Droga
MP	Ministério Público
MST	Movimento dos Trabalhadores Rurais Sem Terra
NESP	Núcleo de Estudos em Sanção Penal
ONU	Organização das Nações Unidas
RENFA	Rede Nacional de Feministas Antiproibicionistas
SPA's	Substâncias Psicoativas
STF	Supremo Tribunal Federal

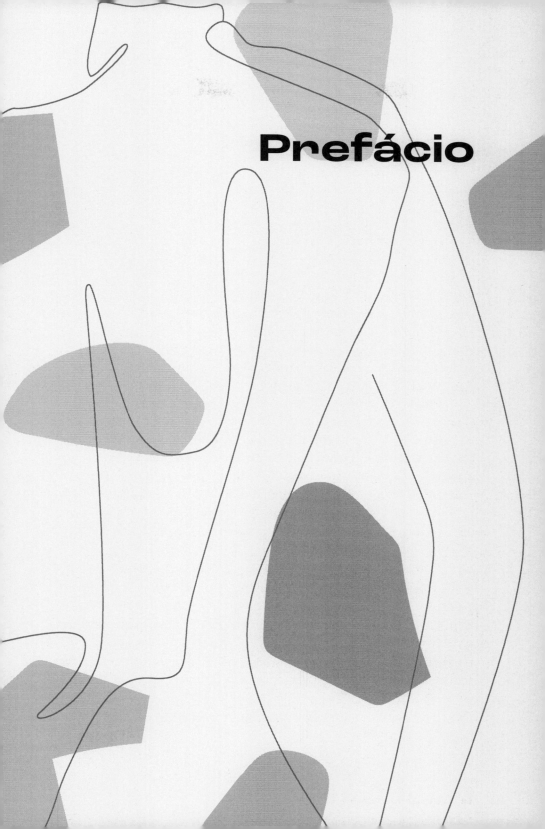

Prefácio

Por muito tempo os estudos sobre o sistema penal estiveram pautados sob a perspectiva generalizante do encarceramento de homens, ou sob um paradigma androcêntrico, como refere Vera Regina Pereira de Andrade, em *Sexo e gênero: a mulher e o feminino na criminologia e no sistema de justiça criminal*. Nesse contexto, se o interesse dos juristas sobre a punição sempre foi diminuto comparado com as inúmeras teorias construídas a respeito do crime, no tocante às mulheres, nesse âmbito, raras são as referências e considerações acerca de suas peculiaridades nos textos dogmáticos. Por outro lado, como revelam os dados apresentados por Debora Moreno, em **Uma guerra de cor, gênero e classe: estudo de sentenças condenatórias de mulheres criminalizadas por tráfico de drogas em Salvador**, a criminologia positivista até hoje lastreia a intervenção penal principalmente no que diz respeito à aplicação das normas penais, a exemplo do exercício do poder de polícia e da aplicação da pena.

Em 1943, Lemos Britto, propugnador das prisões para mulheres, escreve sobre *As mulheres criminosas e seu tratamento penitenciário*, em artigo publicado no periódico *Estudos penitenciários,* classificando a "mulher criminosa" entre aquelas "honestas e de boa família" e outras "prostituídas, hostis à higiene ou ninfômanas", em uma perspectiva etiológica, na esteira da obra de Lombroso, *A mulher criminosa*. Tais pensamentos continuam influenciando em alguma medida a atuação da justiça criminal, como aponta Debora Moreno, seja reiterando estigmas relacionados ao gênero e à raça, por meio de manifestações moralistas contra as rés ou

16 DÉBORA MORENO

de desconsiderações específicas do universo feminino a favor das rés, conforme exposição mais detalhada na obra.

O giro de paradigma do estudo do encarceramento de mulheres no Brasil se inicia na década de 80, e, a partir dos anos 2000, as produções científicas se diversificam e passam a tratar de questões específicas, desde paradigmas críticos, sobre a intervenção penal em relação às mulheres e às condições de seu encarceramento.

As inquietações de Debora Moreno em relação ao processo de criminalização de mulheres por tráfico de drogas transformaram-se em ação na área acadêmica desde a Graduação, quando realizou pesquisa no âmbito do Programa de Iniciação Científica da UFBA, como integrante do Núcleo de Estudos sobre Sanção Penal, visando desvendar as razões de mulheres primárias cumprirem pena privativa de liberdade por tráfico de drogas. Em seguida, atuou como tutora em atividades do NESP– UFBA; e, durante o Mestrado em Direito no PPGD-UFBA, publicou artigos e capítulos de livros sobre a temática. Em ambas as oportunidades tive o prazer de acompanhar sua trajetória na condição de orientadora, com ela estabelecendo profícuos debates.

Resultado de sua pesquisa de Mestrado, o presente trabalho se destaca por ter como base pesquisa documental – isto é, a análise de sentenças de primeiro grau, entre outros documentos, sob as lentes da interseccionalidade. Os dados extraídos dos documentos consultados foram confrontados, para além das suas leituras criminológicas (Zaffaroni; Andrade; Mallaguti), feministas (Saffioti; Santos) e das teorias críticas da raça (Davis, Alexander e Nascimento), com observações feitas pela pesquisadora durante sua atuação em campo com mulheres usuárias de drogas em situação de rua e na escuta de mulheres privadas de liberdade. A análise que a autora realiza sobre a aplicação do direito processual penal e do direito penal por magistrados revela a importância da superposição de lentes críticas para melhor compreensão da atuação do sistema justiça criminal.

Ainda que muitas obras asseverem que o encarceramento se presta à gestão da miséria no sistema capitalista, as perspectivas feministas e das teorias críticas da raça merecem ainda ser descortinadas, especificamente no que diz respeito à atuação do sistema de justiça criminal em que estas questões são neutralizadas pela legalidade, por uma linguagem técnica e/ou uma aparente aplicação uniforme das normas. Assim, o presente trabalho aponta questões que precisam ser discutidas pela dogmática penal de maneira integrada com outros saberes.

Assim, a perspectiva transdisciplinar, no caso, permite a desconstrução da ideia de uma guerra às drogas – reforçando os alertas de Vera Malagutti, em *Difíceis ganhos fáceis*. Destaca-se como achado importante de sua pesquisa, possibilitado pela arguta análise a partir de uma perspectiva feminista, a coabitação como "novo" elemento do tipo penal, não expresso, mas criminalizante, do tráfico de drogas.

A pesquisadora oferece também uma importante contribuição para o desenvolvimento de questões relacionadas à valoração das provas em matéria de condenação por tráfico de drogas ao confrontar as provas consideradas pelos/as magistrados/as na exposição da fundamentação da materialidade e da autoria do crime, pinçando das sentenças questões relacionadas ao manejo ilegal e tendencioso das provas – a exemplo dos casos de indeterminação da posse da droga, da valoração da confissão em sede policial e a relevância atribuída aos testemunhos de policiais. Ainda, revela desvios da individualização da pena.

Trata-se de leitura importante para todas as pessoas que anseiam por compreender as nuances da criminalização de mulheres no âmbito do Poder Judiciário brasileiro, que contribui para a consolidação de um novo paradigma na forma de interpretar e de aplicar o direito no seu aspecto processual ou material ou até mesmo para a sua desconstrução, aderindo ao manifesto de Vera Regina Pereira de Andrade, em *Criminologia em pedaços*, por uma aliança pela brasilidade.

ALESSANDRA RAPACCI MASCARENHAS PRADO

1. Apresentação

Este trabalho é reflexo e produto da trajetória que venho percorrendo na militância política e social, na academia, no mundo do trabalho e, mais recentemente, na maternidade, inscritos no campo da luta feminista, antirracista e anticapitalista. Em que pese os campos tenham sido descritos separadamente, as funções e lugares de luta se misturam, se sobrepõem e se impõem a todo tempo.

Refuto a alegação rasa da neutralidade da ciência, construção histórica com narrativas que forjam práticas de controle e dominação sob o engodo da neutralidade. Os discursos se instituem no paradigma das relações sociais existentes, no qual interlocutores são aqueles já autorizados a falar e ouvir (MENDES, 2014), conformando um dos elementos do dispositivo sexual e racial (CARNEIRO, 2005). É urgente a saída da neutralidade da ciência social para uma ciência social comprometida na transformação do objeto estudado, a partir da dialética que leva a uma leitura da realidade interessada na ação e sua transformação (BARATTA, 2013).

Informo, portanto, a impossibilidade da neutralidade neste trabalho. Demarco aqui meu corpo de mulher, território de guerra para o capitalismo patriarcal, como aponta Rita Segato (2016), e meus escritos como lugar de disputa e enfrentamento. Escrevo, portanto, enquanto mulher marcada pelas violências patriarcais cotidianas, subvertendo o silenciamento histórico a que são submetidos corpos femininos. Nesses termos é que a neutralidade se torna inviável, vez que se busca aqui uma ruptura com o saber construído que se propõe neutro, mas que, em verdade, perpetua opressões e autoriza violências.

Minha trajetória pessoal, construída em coletivo, apresenta considerável relevância no processo de pesquisa e busca por uma ciência comprometida com mudanças sociais. Seu marco inicial se deu no momento em que passei a construir o movimento social feminista antirracista e anticapitalista, em 2013, no Núcleo Negra Zeferina, vinculado à Marcha Mundial das Mulheres, movimento feminista internacional.

As ações no movimento social se misturam com as buscas teóricas, a construção de outras narrativas e a busca emancipatória. O movimento emancipatório traz ao centro da teoria dialeticamente comprometida, materialista, os grupos sociais oprimidos e interessados nesta emancipação (BARATTA, 2011).

A participação no Núcleo me proporcionou um mergulho em uma vasta gama de informações e experiências. Participei de diversos encontros de mulheres, urbanas e do campo, da Bahia, de outros estados e de outros países; mulheres em condições econômicas favoráveis, outras em contextos de vulnerabilidades diversas. Construí, ainda, lutas junto a outros movimentos sociais, como o Movimento dos Trabalhadores Rurais Sem Terra (MST) e o Movimento de População de Rua.

As experiências aliadas a constantes formações políticas oferecidas pelos movimentos instrumentalizaram minhas percepções acerca da forma de organização da nossa sociedade. Compreendi melhor o modelo de produção capitalista, seus elementos estruturantes, os mecanismos do machismo e do patriarcado e suas consequências na vida da população.

Neste mesmo período, me aproximei na faculdade das disciplinas e debates acerca do Direito Penal. Chamava minha atenção a legitimação do estado para exercer violência e suas formas de controle. Um dos aspectos que mais me intrigava era o do encarceramento em massa (BORGES, 2018) e o significado disto para o capitalismo, o que gerou a necessidade de entender, também, a Guerra às Drogas (VALOIS, 2019), apontada como principal razão do aumento do número de pessoas presas no Brasil. Esse movimento culminou em uma aproximação teórica com a criminologia crítica, cujas proposições encontravam eco nas reflexões proporcionadas pelas vivências militante.

Como desdobramento da relação entre militância e academia, tornou-se imprescindível disputar os discursos acadêmicos, a partir de estudos e produções com contribuições críticas. Através da iniciação científica financiada pelo Conselho Nacional de Desenvolvimento Científico e Tecnológico - CNPQ e, posteriormente, no trabalho de conclusão de curso, com a orientação da professora Alessandra Prado, desenvolvi pesquisas a respeito das mulheres no cenário da Guerra às Drogas.

Neste mesmo período dei início ao estágio acadêmico na Defensoria Pública do Estado, no núcleo de atendimento a Pessoas em Situação de Rua, experiência que proporcionou vivência muito próxima a estas pessoas e às inúmeras contradições a que estão submetidas. Uma realidade dura e crua de violações a direitos básicos como processos cotidianos na vida desse grupo. Foi possível observar, também, como a política bélica de drogas tinha consequências diretas na vida dessas pessoas.

Finda a graduação, tive mais experiências profissionais com populações em circunstâncias de vulnerabilidade. Primeiro com educação jurídica popular de mulheres de comunidades do sertão e posteriormente com educação popular em comunidades pesqueiras. Trabalhei, ainda, como mediadora em Balcão de Justiça e Cidadania em uma comunidade de Salvador que sofria forte controle de organizações ligadas ao tráfico de drogas, que determinava a lógica de interações e movimentações do bairro.

As experiências profissionais descritas me aproximaram ainda mais das questões ligadas tanto à política de drogas, como as explorações a que estão submetidas as mulheres. A partir dessas vivências, em 2016 ingressei no mestrado do Programa de Pós-Graduação em Direito da UFBA com o intento de pesquisar a situação de mulheres encarceradas por tráfico em Salvador.

Em 2017 dei início a um trabalho no programa "Corra pro Abraço", do Governo do Estado da Bahia, na função de educadora jurídica de pessoas em situação de rua e contextos vulneráveis, usuárias de substâncias psicoativas (SPA's), sob a perspectiva da redução de danos. Esta experiência me proporcionou estar ainda mais próxima, de maneira prática, às consequências da política de drogas perpetrada pelo estado brasileiro para grupos vulnerabilizados, especialmente os que estão em contexto de rua e que fazem uso abusivo de substância psicoativas.

Neste momento tive acesso à "metodologia do encontro" e à "ética do encontro" (PRATES; MALHEIRO, 2011), que conduziam a intervenção técnica e proporcionavam uma prática interacionista. Isto contribuiu para uma aproximação ainda maior, um encontro com os usuários e usuárias de SPA's, ultrapassando as limitações do estigma de usuário de droga (MALHEIRO, 2018).

Neste mesmo ano atuei como tutora no Núcleo de Estudos em Sanção Penal (NESP), que em um primeiro momento se dedicou a estudar questões ligadas à política de drogas[1]. No ano seguinte, em 2018, me aproximei da Rede Nacional de Feministas Antiproibicionistas (RENFA), passando a integrar este movimento social.

No segundo semestre de 2018, em consonância com uma atividade de nível nacional da RENFA, em parceria com o NESP e a Iniciativa Negra por uma nova Política de Droga (INPDD), lançamos em Salvador a Agenda Feminista Pelo Desencarceramento. Dentre as ações propostas pela Agenda está a do comparecimento mensal ao Conjunto Penal Feminino para atividade junto a mulheres oriundas do contexto de rua que estão em cumprimento de pena ou de cautelar naquele conjunto.

Estas atividades me proporcionaram uma inserção no campo de uma nova forma, tendo acesso às trajetórias das internas contadas a partir de suas narrativas individuais. Essa escuta, ainda que feita enquanto militante, no que diz respeito ao fato de não ser uma etapa oficial da pesquisa e, portanto, sem ferramental metodológico, permitiu um olhar sobre os contornos da Guerra às Drogas e o cárcere, como aparato repressivo, a partir de outra perspectiva, o que, sem dúvida, exerceu influencia na produção deste trabalho. Como assinala a pesquisadora Julita Lemgruber:

> [...] é quase impossível que o pesquisador ao realizar um trabalho numa prisão não se veja de alguma forma envolvido emocionalmente com a realidade cruel que presencia e não se veja compelido a adotar determinada posição de valor. (1999, p. 11)

A partir dessas experiências, a decisão do problema tomou corpo. O presente trabalho se destina, portanto, a responder a seguinte pergunta: aspectos estigmatizantes e discriminatórios estão presentes nas senten-

---

[1] Ao longo do ano recebemos convidados e convidadas de diferentes áreas que trouxeram reflexões sobre os mais variados aspectos da política de drogas. Questões como racismo, interseccionalidade, dentre outras, fizeram parte dos nossos debates.

ças condenatórias de mulheres que estão encarceradas por tráfico em cumprimento de pena em regime fechado no Conjunto Penal Feminino de Salvador no Complexo Penitenciário da Mata Escura? Se sim, estes aspectos se desdobram em sentenças condenações mais duras para as mulheres?

A hipótese é de que a discricionariedade conferida ao julgador torna possível eventual influência do patriarcado, do machismo, do racismo e da Guerra às Drogas na condenação das mulheres. Esta pesquisa pretende verificar se estes aspectos geram análises distorcidas, culminando em sentenças condenatórias desproporcionais ao fato em razão da condição de mulher. É possível que as mulheres sofram duplas ou triplas condenações (pelo tráfico de drogas e pela transgressão do seu papel social, enquanto mulher, na sociedade, por serem negras[2]).

A possibilidade da presença de tais aspectos foi ventilada a partir da observação do contexto geral do encarceramento feminino no Brasil atualmente. Deste modo, antes de investigar as sentenças, foi necessário dar alguns passos atrás para estudar a situação das mulheres encarceradas no Brasil e a Guerra às Drogas. Duas coisas que se comunicam, tendo em vista que a política de drogas está relacionada a, pelo menos, 62% das incidências penais que atualmente privam mulheres de liberdade (BRASIL, 2017b). O encarceramento feminino teve um aumento de 656% nos últimos 18 anos (BRASIL, 2017b).

Este crescimento expressivo no número de presas se insere no processo que vêm ocorrendo no Brasil, e em diversos locais do mundo, de encarceramento em massa. As penas privativas de liberdade têm sido a principal punição utilizada nas práticas de delitos. Chama a atenção essa recorrente opção pelo encarceramento, superlotando presídios, submetendo pessoas a condições subumanas. Em diversas situações se evidencia o desrespeito aos direitos das condenadas, às exigências da justiça social e às necessidades de reinserção dos delinquentes.

2 Negro aqui compreendido enquanto categoria política independente da gradação da cor da pele. "Um brasileiro é designado preto, negro, moreno, mulato, crioulo, pardo, mestiço, cabra – ou qualquer outro eufemismo; e o que todo o mundo compreende imediatamente, sem possibilidade de dúvidas, é que se trata de um homem-de-cor, isto é, aquele assim chamado descende de africanos escravizados." (NASCIMENTO, p. XX, 1978)

Ademais, os sistemas punitivos são notadamente masculinos, reflexo da sociedade patriarcal. Os cárceres são produto deste sistema, de modo que sua administração tem centralidade numa população carcerária essencialmente masculina. As estruturas legal, política e econômicas masculinizadas (DAVIS, 2003) se desdobram em processos de invisibilização das mulheres e práticas que perpetuam as violências a que estão submetidas em uma sociedade patriarcal.

Peculiaridades e particularidades da população carcerária feminina por vezes não são observadas. Os problemas vão da falta de material de higiene básico[3] a violações de direitos sexuais e reprodutivos e do direito à saúde, a exemplo da quantidade insignificante de profissionais para atendimento médico em relação ao número de mulheres presas (BRASIL, 2017b). Questões de infraestrutura também se apresentam dentre as violações, a exemplo dos dormitórios adequados para gestantes, existentes em apenas 34% das unidades prisionais femininas no Brasil (BRASIL, 2017b).

Essas situações impostas às presas guardam íntima ligação com o fato de vivermos em uma sociedade de classes, com o patriarcado como um de seus elementos estruturantes. Dessa forma, as mulheres são submetidas a níveis ainda maiores de vulnerabilidade e exploração. Uma sociedade patriarcal, centrada no homem, compreende a mulher como ser inferior legitimando e naturalizando, desta forma, práticas que desrespeitam os diversos direitos das mulheres das formas mais variadas, submetendo-as a elevado grau de dominação-exploração[4].

Outrossim há que se falar, ainda, no papel fundamental do racismo estrutural nos processos de invisibilização destas mulheres encarceradas, atuando junto ao patriarcado de maneira interseccional. Como aponta a pesquisadora Carla Santos:

> A prisão, na perspectiva das mulheres, precisa ser analisada na contemporaneidade sobre alicerces interseccionais, pois nela reside um aspecto de sexismo e racismo institucionais

---

3 A exemplo da falta de absorventes, vide caso ocorrido nas cadeias na região de Ribeirão Preto, São Paulo, que obriga as encarceradas a improvisar absorventes higiênicos com miolo de pão, porque o Estado não estava fornecendo o produto.

4 Conceito que será explorado no tópico 2.1, capítulo 2 desta dissertação.

> em concordância com a inclinação observada da polícia em ser arbitrária com o segmento negro sem o menor constrangimento, de punir os comportamentos das mulheres de camadas sociais estigmatizados como sendo de caráter perigoso, inadequado e passível de punição. (2014, p. 51)

É necessário romper a invisibilidade histórica direcionada às mulheres; observar como se expressam, no sistema prisional, as formas de dominação-exploração dos seus corpos, através de uma análise crítica do processo de condenação delas e o tratamento a elas direcionado no cárcere. Aqui, especificamente no que diz respeito às mulheres condenadas por tráfico.

Em busca de cumprir o objetivo proposto por este trabalho, alguns conjuntos de informações foram considerados relevantes. O primeiro atende à necessidade de levantamento documental, notadamente sentenças condenatórias e prontuários de mulheres encarceradas em cumprimento de pena em regime fechado no Conjunto Penal Feminino, coletados em junho de 2017 e julho de 2018.

Nas sentenças foi feita uma busca por indícios, ou mesmo elementos explícitos, discriminatórios e estigmatizantes utilizados pelos magistrados. O estudo das sentenças nos levou a criação de algumas categorias de análise. Foi feita, ainda, a tentativa de identificar se nos casos estudados ocorreu o processo de dupla ou tripla criminalização (CHESKYS, 2014) em razão de condições como o sexo e a cor da pele.

As informações coletadas nos prontuários, por seu turno, dizem respeito à dados sócio econômicos das internas cujas condenações foram estudadas. Dentre eles naturalidade, cor, estado civil, escolaridade, profissão, número de filhas(os) e idade.

Neste universo, o recorte utilizado foi o de condenações em primeiro grau, cuja conduta tipificada esteja prevista na Lei de Drogas, nas quais a sentenciada tenha sido criminalizada em coautoria com um homem. Foi utilizado, ainda, o critério de que não tivesse ocorrido investigação prévia ao fato delituoso.

A escolha pela coautoria pretende analisar eventuais disparidades nas condenações por questões de gênero. A ausência de investigação prévia à ação da força policial reduz o lastro probatório e possibilidades de fundamentação e individualização da conduta por parte do juiz, tornando mais amplas as possibilidades de discricionariedade e/ou arbitrariedade, o que consubstanciou a escolha por sentenças nestes parâmetros.

O segundo conjunto de informações utilizado nesta pesquisa diz respeito ao levantamento teórico que instrumentaliza a análise documental. Para tanto foram levadas em consideração produções bibliográficas, especialmente nacional, artigos, teses, dissertações e publicações em periódicos, além de documentários pertinentes produzidos sobre o tema considerados. Este levantamento teve especial atenção em utilizar produções locais e nacionais de pesquisas feitas por mulheres, em especial as baianas, com o intuito de subverter o epistemicídio e androcentrismo comumente encontrado nas pesquisas científicas (SANTOS, 2014).

As atividades de campo, embora não tenham sido direcionadas diretamente à pesquisa, foram consideradas como o terceiro conjunto de informações. Isso porque, a despeito de não terem sido feitas entrevistas oficiais, ou estruturadas, as ações junto às internas proporcionaram uma inserção a respeito das vivências das mulheres encarceradas que consubstanciaram levantamentos teóricos e incrementaram as análises críticas ao longo do trabalho. A participação nas atividades ocorreu enquanto militante e não pesquisadora, ainda que estes papéis se entrelacem.

Um elemento importante a se ter em conta diz respeito a sair do lugar de mera observadora que reforça etiquetas atribuídas às internas (PRADO, MENEZES, 2018, p. 8), havendo o risco, ainda, de se renovar a correspondência entre o observado e o estereótipo difundido (PRADO, MENEZES, 2018, p. 9). Nesse sentido, a metodologia do encontro representa ferramenta valiosa, subsidiando e proporcionando um contato de entrega, de encontro com o outro. Para isso é necessário que a pesquisadora se disponibilize para tal encontro, permita a chegada e aproximação dos sujeitos, que passam de objeto analisados a participativos.

Estas atividades faziam parte da agenda pelo desencarceramento realizadas pela RENFA/Salvador no Conjunto Penal Feminino. A agenda teve início em setembro de 2018, tendo caráter mensal. Foram feitas rodas de conversa com atividades de sensibilização, de formação política e de ludicidade (como dança). A interação tinha o propósito de permitir participação ativa das internas. Foram feitos registros da agenda em diário de campo, o que teve o papel de incentivar novas buscas ao longo da pesquisa.

O contato direto com as mulheres encarceradas possibilitou o acesso a relatos de suas trajetórias e vivencias, anteriores e atuais ao cárcere, servindo à pesquisadora como um farol, um guia, ao trazer elementos até o momento desconhecidos, mas interessantes à pesquisa, ensejando uma busca de estudo e produções a respeito.

Por fim, o quarto conjunto de informações relevantes diz respeito às publicações das agências oficiais com dados estaduais e nacionais a respeito da população carcerária.

Para instrumentalizar esta pesquisa, o marco teórico se situou na criminologia crítica, especificamente a apresentada por Zaffaroni (1991) e sua leitura a respeito dos sistemas punitivos genocidas da América Latina. Consideramos que não existe apenas uma criminologia crítica enquanto perspectiva criminológica, há uma constante disputa de narrativas. Nossa escolha se deu pelo teórico Eugenio Zaffaroni por uma questão de afinidade epistemológica.

A vertente crítica da criminologia rompe o paradigma da criminologia liberal trazendo uma abordagem emancipatória, deslocando o olhar do autor do fato e a suposição de que o comportamento delituoso possuiria causas ontológicas, dando fim à busca destas causas nos indivíduos, como se fossem ahistóricas e atemporais.

A partir do rotulacionismo (*labelling approach*), o paradigma da reação ou controle social sobrepõe o paradigma etiológico, a criminologia crítica traz para o centro dos debates a análise de condições objetivas, estruturais e funcionais, bem como o estudo dos processos de criminalização. Este último aprofundado através da compreensão dos mecanismos da construção da realidade social.

Este marco teórico permite uma abordagem transdisciplinar, sendo possível problematizar as questões do direito sob a ótica das questões sociais, trazendo críticas às práticas engessadas do direito e da dogmática positivista. De sorte que a análise dos distintos aspectos que permeiam o presente trabalho tem caráter crítico, situado historicamente e dentro de uma perspectiva disruptiva.

Em consonância com este marco, traçamos o referencial metodológico do materialismo histórico dialético para realização desta pesquisa. O materialismo é uma teoria econômico-política, que compreende que as bases materiais do modo de produção (neste momento da história, capitalista) nos condiciona enquanto indivíduos na sociedade. Marx (2008) afirma que:

> Na produção social de sua vida, os homens contraem determinadas relações necessárias independentes de sua vontade, relações de produção que correspondem a uma determinada fase do desenvolvimento de suas forças produtivas materiais. O conjunto dessas relações de produção forma a estrutura econômica da sociedade, a base real sobre a qual se levanta a super-estrutura (sic) jurídica e política e a que correspondem determinadas formas de consciência social. (p. 47)

A partir deste referencial metodológico, todo fato não poderá ser analisado fora de seu contexto social, e seu caráter indutivo, em que a generalização deriva de observações da realidade concreta e são elaboradas a partir de constatações particulares, permite uma análise a partir das contradições da forma como a sociedade se estrutura. De sorte que as análises dos dados e produções acerca do tema são feitas a partir da base material do problema.

A própria criminologia crítica evoca a dialética como fundamental num processo de ruptura (BARATTA, 2011). Vera de Andrade (2012) sintetiza da seguinte forma:

> [...] na dialética a base cognoscitiva essencial a todo projeto de liberação (utopia concreta) porque, enquanto lógica (dinâmica) da contradição, a dialética é o modelo de racionalidade e a metodologia capaz de dar conta da realidade social, que é um movimento. (p. 70)

Para entender alguns dos elementos do problema enfrentado por esta pesquisa, especificamente os ligados à situação das mulheres, buscando sua base material, outros referenciais teóricos foram necessários. Embora tais referenciais tenham sido selecionados dentro do paradigma emancipatório da criminologia crítica e da proposta metodológica materialista histórico dialética, representam a ocupação de um vazio epistemológico nas teorias apresentadas. Para a criminóloga feminista Soraia Mendes (2014):

> No que se refere à criminologia, sob prisma epistemológico do *standpoint*, parece-me que a assunção do paradigma feminista significa uma subversão da forma de produzir

> conhecimento, até então, dado sob parâmetros epistemológicos distanciados das experiências das mulheres, e da compreensão do sistema sexo-gênero. (p. 158)

Há um limite das produções teóricas androcêntricas em dar conta das perspectivas de gênero. Por essa razão, foram feitas algumas tentativas de construção do feminismo dentro da criminologia crítica. Entretanto, segundo a criminóloga Carmen Campos (2013), a criminologia crítica resistiu de tal modo ao feminismo que levou algumas teóricas ao abandono e até mesmo repúdio da disciplina.

Nesses termos emergiu a criminologia feminista, com produções teóricas no Brasil, mas ainda com formulações incipientes (CAMPOS, 2013). O arcabouço de uma teoria da criminologia feminista enseja uma ruptura paradigmática, "o paradigma feminista implica uma radicalização completa na medida em que perspectiva de gênero não é um 'aditivo', como ocorre em análises criminológicas realizadas sob o paradigma da reação social" (MENDES, 2014, p. 158).

Deste modo, estamos mais próximas de produções críticas sobre o feminismo e a criminologia e perspectivas feministas na criminologia do que de uma teoria criminológica (CAMPOS, 2013) e sua respectiva mudança paradigmática. Por essa razão nesta pesquisa a criminologia feminista não foi utilizada como marco teórico, mas exerceu papel de suma importância enquanto suporte bibliográfico.

Como referencial teórico para tratar da situação das mulheres sob uma perspectiva do materialismo histórico dialético, utilizamos os escritos de Heleieth Saffioti (2004, 2013). A autora parte do pressuposto de que vivemos em uma sociedade cujo modo de produção é o capitalista, que tendo o patriarcado como um elemento estruturante, permite que as mulheres ocupem a base da pirâmide econômica, permanecendo estas sob forte controle e exploração.

O capitalismo se apropria do patriarcado, do racismo e do machismo e, através da naturalização destas práticas, forma sua base material, estruturante, de legitimação da exploração. Há um controle das mulheres através do fenômeno dominação-exploração.

Há que se falar, ainda, de referencial teórico que trate do racismo, tendo em vista que partimos do pressuposto que o racismo é um dos elementos estruturantes do capitalismo e está absolutamente imbricado na política de drogas. Para este debate, utilizamos os achados das teóricas Angela Davis (2003, 2016) e Michelle Alexander (2017), bem como os de Abdias Nascimento (1978).

Davis (2003) faz interessante incursão a respeito da indústria prisional, os processos de escravização do povo negro e sua relação com o encarceramento. A autora constrói, ainda, excelente debate quanto a intersecção entre feminismo, racismo e a sociedade de classes (DAVIS, 2016). Na mesma direção está o aparato teórico de Michelle Alexander (2017) e suas análises a respeito da imbricada relação entre racismo, segregação e os processos de encarceramento em massa. Abdias Nascimento (1978), por sua vez, traz importantes contribuições a respeito do processo histórico de genocídio do povo negro no Brasil.

A proposta deste trabalho, portanto, é compartilhar indagações e observações a partir de um olhar crítico, com mudanças paradigmáticas e epistemológicas, apresentar enfrentamentos a situações de violações, notadamente as promovidas pela Guerra às Drogas de cunho racista e patriarcal. Para tanto, esta pesquisa está subdividia em 5 seções, sendo esta a primeira.

O segundo capítulo se propõe a uma análise acerca da vida das mulheres e seu controle através do aparato punitivista conformado no Direito Penal. Para tanto, nos debruçamos incialmente sobre os elementos estruturantes da sociedade capitalista, destrinchando a divisão da sociedade em classes: o racismo e o patriarcado; e como esses elementos se dão e quais são os seus impactos na vida das populações vulnerabilizadas. Em seguida discutimos como o Direito Penal alcança as mulheres.

No terceiro capítulo discutimos em um primeiro momento o sistema punitivo e o encarceramento em massa expresso através da Guerra às Drogas. Em seguida abordamos a situação das mulheres encarceradas por tráfico.

No quarto capítulo, debatemos as considerações metodológicas necessárias à pesquisa de campo. Em seguida analisamos decisões que condenam mulheres por tráfico de drogas, que estão em cumprimento no Conjunto Penal Feminino de Salvador, nos termos do recorte explanado anteriormente, observando os desdobramentos dos elementos discutidos nos capítulos anteriores na atividade dos magistrados brasileiros, precisamente em suas sentenças condenatórias.

Por fim partilhamos as conclusões que chegamos ao produzir esta pesquisa.

2 | Controle punitivo das mulheres em uma sociedade de classes racista e patriarcal

O número de mulheres encarceradas no Brasil cresceu demasiadamente nos últimos anos, acompanhando o processo de encarceramento em massa em andamento no país. Em junho de 2016 havia 42 mil mulheres privadas de liberdade, principalmente em razão dos delitos ligados ao tráfico de drogas ilícitas.

Para entendermos este processo é crucial nos debruçarmos sobre os processos de criminalização das mulheres e como o controle punitivo as atinge.

Para tanto não se pode perder de vista que vivemos em uma sociedade de classes, que imprime opressões às mulheres, notadamente as ligadas ao patriarcado e ao racismo, sendo fundamental, portanto, analisarmos tais aspectos.

2.1. GÊNERO E RAÇA EM UMA SOCIEDADE DE CLASSES

Para compreendermos a situação das mulheres encarceradas por tráfico, é imprescindível tratarmos do lugar delas na sociedade. Desta maneira se faz necessário discutir como gênero e racismo se situam em uma sociedade de classes capitalista.

2.1.1. O CAPITALISMO E A DIVISÃO DA SOCIEDADE EM CLASSES

O capitalismo se conforma enquanto organização social cujo pilar é a divisão entre os detentores e controladores do meio de produção e os demais, que "só" tem a oferecer sua força de trabalho. Este modo de produção se funda na exploração e dominação da força de trabalho do homem pelo homem, com variações nas suas formas de controle (escravidão, servidão, exploração etc.), para obtenção de lucro.

O capitalismo se apropria do que é produzido pelas trabalhadoras e trabalhadores como riqueza privada, pertencente aos indivíduos detentores dos meios de produção e não àqueles que a produzem. A classe dominante exerce um acúmulo de riqueza, fazendo com que o que move o trabalhador no processo produtivo deixe de ser a necessidade humana e passe a ser a necessidade de acumulação (MARX, 1867).

Para manter esse acúmulo de riquezas em seu nível mais alto, o trabalhador passa a ser visto como mercadoria; as pessoas se tornam coisas de tal sorte que para o capital[5] só é levado em consideração o gasto mínimo para manutenção desta pessoa viva, de modo que esta consiga seguir produzindo. Por essa razão o trabalho assalariado não é remunerado de maneira proporcional ao que é produzido.

Ainda que exista diferenças salariais entre funções, lugares e momentos distintos, o que define o salário conferido aos trabalhadores diz respeito ao custo necessário para reprodução da força de trabalho e não para as necessidades individuais. Deste modo, mesmo em países considerados de primeiro mundo, em que trabalhadores encontram um certo nível de comodidade quando comparados aos trabalhadores de países considerados subdesenvolvidos, essa relação de exploração se reproduz.

Não há uma divisão da acumulação de riqueza entre a classe dominante e a trabalhadora. É 'vendida' ao trabalhador a ilusão de que seu salário cresce à medida que cresce o lucro burguês, quando na verdade o salário permanece como o valor do trabalho enquanto mercadoria e não de acordo com o produto do trabalho.

Na busca incessante por mais lucro, as formas de exploração vão se sofisticando. Os salários são cada vez mais reduzidos e as relações trabalhistas vão se tornando tão precárias quanto possível, com o aparato da lei, com aumento de jornadas e condições insalubres de trabalho,

---

5 O "capital" aqui não representa uma entidade fictícia distante da realidade, mas o conjunto de elementos de opressão que se constituem numa sociedade capitalista, a partir da busca do aumento do acúmulo de riquezas por parte das classes dominantes.

por exemplo. Mais máquinas e robôs passam a ser empregados em detrimento de trabalhadores, sem que isto implique na diminuição da carga horária trabalhada, mas sim no desligamento de empregados, fazendo com que a produção seja mantida e os gastos diminuam, o que aumenta os lucros (TONET, LESSA, 2011, p. 82).

Relações trabalhistas precarizadas, trabalhos informais e/ou irregulares e desemprego geram um volumoso excedente de obreiros, uma massa de indivíduos em situações diversas. Não é de interesse do capital que está massa esteja inserida na produção; ao contrário, é fundamental ao funcionamento do capitalismo o "exército de reservas":

> Quanto mais a riqueza social crescer (...) mais numerosa é a sobrepopulação comparativamente ao exército de reserva industrial. Quanto mais este exército de reserva aumenta comparativamente ao exército ativo do trabalho e mais massiva é a sobrepopulação permanente, mais estas camadas compartem a sorte de Lázaro e quanto o exército de reserva é mais crescente, mais grande é a pauperização oficial. Esta é a lei geral, absoluta da acumulação capitalista. (MARX, 1867, p. 401)

Este exército de reserva, portanto, irá compor a base da pirâmide social, os mais pobres. O lucro fica acima das relações, com o envolvimento das mais diversas instâncias da sociedade. O aparato de dominação ideológica chega ao ponto de defender cinicamente "que a pobreza é uma necessidade do sistema, na medida em que o risco que ela representa, para cada um, é o motor a garantir que o ser humano desenvolva todo o seu potencial produtivo" (CARANHOLO, in MARX, 2008, p. 10).

Vivermos em um estado de legalidade das relações do proletariado e burguesia que torna possível que pessoas sigam sem ter o que comer, a despeito da produção de alimentos ser suficiente para todos; que sigam sem acesso à educação, e a má escolarização seja propositalmente mantida[6], dentre outras coisas. Enquanto ao grupo dominante for permitido a exploração do proletariado, os interesses destes grupos serão inconciliáveis. Em uma sociedade fragmentada em classes, em que se legítima a exploração do homem pelo homem, devemos falar, em verdade, em um antagonismo de classes.

---

[6] O que foi bem sintetizado por Darcy Ribeiro (1977) como "a crise da educação no Brasil não é uma crise; é projeto".

Esses aspectos antagônicos só são viáveis a partir da criação de novos complexos sociais, nos quais se encontram o Estado e o Direito (TONET, LESSA, 2011, p. 54). O Estado surge enquanto garantidor dos interesses burgueses, com o papel de conciliar os interesses inconciliáveis da classe dominante e da classe dominada. Para ter sucesso na empreitada se constitui, então, enquanto poder político amparado por instrumentos repressivos. Um poder público que não corresponde aos interesses da população é instituído, se organizando, também, como força armada, necessários ao controle. Essa organização comporta elementos materiais, prisões e instituições coercitivas de toda espécie (LÊNIN, 2011, p. 40).

Nesses termos o Direito se insere no capitalismo como um dos aportes de controle repressivo. Através das leis e sua aplicação, cumpre papel importante de regulamentar a vida social, assegurando a dominação de classe. O Estado e o Direito estão a serviço dos interesses da classe dominante e da manutenção do *status quo*. Deste modo, a despeito da forma como que assume e das maneiras de exercer poder, o Estado é um instrumento de dominação de classe.

Nesse sentido é que práticas punitivas passam a ser utilizadas para atender demandas do capital, conformando seu sistema punitivo. O Direito Penal se assenta na função ativa de reprodução e produção de relações de desigualdade. Às sanções e ao cárcere são submetidas pessoas através de uma forma seletiva e estigmatizantes, em um processo de manutenção tanto das relações verticais na sociedade (BARATTA, 2011, p. 166), como das formas de controle do exército de reservas.

O poder punitivo se conforma, então, como instrumento central na verticalização social e manutenção de relações de poder (ZAFFARONI, 2013). O Estado capitalista adota políticas de criminalização dos grupos marginalizados no processo de exclusão do mercado de trabalho (BARATTA, 2011, p. 189) que garantem a manutenção da marginalização e exclusão de grupos explorados, notadamente pobres, negros e mulheres, como é o caso da política criminal de Guerra às Drogas.

Conquanto o capitalismo opera em escala global, suas formas de exploração e dominação também atravessam fronteiras, tornando-as transnacionais. Deste modo, relações entre Estados Nação pelo mundo também estão inscritas nesse paradigma, propiciando práticas imperialistas e colonizadoras. A riqueza de muitos países está diretamente ligada a suas ações de dominação e exploração de outros povos, a exemplo dos países europeus e suas incursões em países americanos e do continente africano.

Nesses termos é que a Guerra às Drogas também se constrói de maneira transnacional. As consequências vividas pela abordagem bélica às questões ligadas às Drogas se dão não só em razão das políticas internas, como também das externas, internacionais.

As populações estigmatizadas e que sofrem de forma mais brutal as consequências das formas de controle do capitalismo, dentre elas as punitivas, guardam intima ligação com seus elementos estruturais. O racismo, o patriarcado e as classes sociais, figuram como categorias estruturantes do capitalismo, garantindo processos de exploração e dominação, conformando o que a socióloga Heleiet Saffioti (2013), metaforicamente, denomina de nó. E, embora antecedam a existência do capitalismo, são por ele abarcado, estruturando as relações de exploração.

No modo de produção capitalista, o patriarcado, o racismo e a divisão em classes ganham contornos ainda mais expressivos na legitimação da exploração e opressão de determinados grupos. As contradições experimentadas nas formações econômico-sociais prévias a partir da apropriação privada dos meios de produção do trabalho humano alcançam níveis máximos (SAFFIOTI, 2013). Nesse sentido, o racismo tem papel fundamental na sociedade de classes.

2.1.2. O RACISMO EM UMA SOCIEDADE DE CLASSES

O racismo se apresenta como algo extremamente atrativo para o capitalismo, haja vista ser uma prática que naturaliza e legitima a exploração e a violação de outros indivíduos por supostamente serem inferiores aos demais, em um processo de desumanização. Não é coincidência, portanto, que as classes dominantes sejam formadas, essencialmente, por pessoas brancas e tenham dentre os homens seus dirigentes.

No Brasil, é central nos debruçarmos acerca do período escravocrata para entendermos as vivências racistas do período e suas repercussões até os dias atuais. Logo no início da colonização imperialista do país a principal mão de obra utilizada foi a de negros e negras arrancados de seus territórios no continente africano e escravizados nas Américas. Processo que se deu calcado no poder punitivo de verticalização social que permitiu a colonização feita pelos países europeus (ZAFFARONI, 2013).

Inicialmente as pessoas escravizadas foram direcionadas à produção de cana de açúcar, objetivando atender demandas do mercado internacional, aliado ao processo de enriquecimento e concentração de capital na mão dos poucos que se beneficiavam com tal produção. Posteriormente, a mão de obra escravizada foi direcionada à extração de mineiros e mais adiante à produção de café. Em todas as situações, as condições de vida e trabalho eram subumanas.

Negros e negras trabalhavam exaustivamente, sofrendo castigos torturantes. A expectativa de vida era baixíssima e a proximidade da costa africana facilitava o tráfico de pessoas para o Brasil, fazendo com que os senhores considerassem os gastos com a substituição de um escravo menor que o de fornecer condições básicas de subsistência (NASCIMENTO, 1978, p. 58)[7]. A violência tinha, ainda, um caráter abusivo contra a identidade da população escravizada, ultrapassando seus corpos físicos, atuando contra manifestações identitárias e culturais (NASCIMENTO, 1978).

Diversas instituições participaram ativamente deste processo. A Igreja Católica é uma delas, não só perpetuando o genocídio religioso e cultural da população escravizada, como também reforçando o discurso da obediência aos senhores. Estas instituições cumpriam (e muitas seguem cumprindo) importante papel de controle ideológico, naturalizando a brutalidade experimentada pela população negra e indígena.

Dentro desta realidade, é de extrema relevância tratarmos de particularidades vividas por mulheres negras na sociedade escravocrata. Comumente elas eram designadas para situações de exploração sexual de seus corpos por parte dos senhores. Alguns aspectos devem ser levados em consideração para analisarmos essa situação. Um diz respeito a objetificação do povo negro e o outro ao machismo e patriarcado presentes também no período.

---

7 A taxa de mortalidade infantil entre escravos era de alarmantes 88% no estado do Rio de Janeiro, considerado o de melhor tratamento para população escravizada. (NASCIMENTO, 1978, p. 58).

Quanto ao primeiro período, a população negra escravizada no Brasil era tratada como objeto, tendo sua humanidade violentamente desconsiderada. A isto juntou-se a objetificação das mulheres nos moldes do patriarcado, em que os corpos femininos são vistos como pertencentes aos homens e com função de lhes dar prazer. Esses dois aspectos fizeram com que mulheres negras fossem submetidas a níveis extremamente degradantes de exploração sexual. Além deles próprios, os senhores, as estuprarem, ainda as submetiam a outros estupros, ao prostituírem as mulheres escravizadas como forma de ganhar dinheiro (NASCIMENTO, 1978, p.61). Para legitimar a violência sexual contra essas mulheres, se construiu um mito acerca da mulher negra, que afirmava que elas seriam hiperssexualizadas. Esse produto do período escravocrata repercute na vida dessas mulheres até os dias atuais.

A proporção de mulheres para quantidade de homens era de uma para cinco, fator que dificultava relações afetivas para parcela da população hétero. Entretanto o empecilho central a essas relações diz respeito a coisificação da mulher para fins de exploração sexual, tendo a todo tempo seu direito a construção de relações afetivas caçado. As relações que se formavam "burlavam" o sistema.

A série de estupros aos quais as mulheres negras escravizadas foram submetidas põe fim ao mito acerca das interações entre colonizadores e essas mulheres. A narrativa de que a população mestiça havia sido fruto de relações afetuosas e cordiais entre senhores e mulheres escravizadas é, portanto, falsa.

Mesmo com o forte aparato escravocrata, que punia revolucionárias e revolucionários negros brutalmente como demarcação de controle e poder, o povo negro resistiu de diversas maneiras. Uma série de revoltas e levantes contra a escravidão tomaram corpo em prol da liberdade, a exemplo da revolta dos Malês. Fugas e auto-organização do povo negro em quilombos[8] merecem destaque, dentre outras coisas, pelo alto nível

---

8 Os quilombos eram como cidadelas, nas quais reuniam-se africanos que haviam fugido dos senhores. Um dos mais importantes foi o da "República dos Palmares", no século XVI. Este Quilombo, que chegou a ter 30 mil pessoas e resistiu a uma série de investidas da armada portuguesa. A "República dos Palmares" evidencia a capacidade organizativa da população que havia sido escravizada.

organizativo e pela resistência que apresentavam, a despeito das investidas violentas dos colonizadores.

Angela Davis (2016) assinala uma série de posturas combativas das mulheres negras escravizadas, que desafiavam a desumanização imposta pela escravidão, como a resistência aos assédios sexuais de senhores, participação em paralisações e rebeliões, sabotagens, fugas e envenenamento de seus opressores. O que, segundo a autora, era a regra entre as mulheres e não exceção, conforme registros de repressão (DAVIS, 2016, p. 31).

O fim da escravidão não foi diferente do período em que durou no tocante ao tratamento dado ao povo negro. A desumanização seguiu em voga. A população escravizada foi atirada à própria sorte, sem qualquer recurso, auxílios ou aparatos para sobrevivência. O trabalho árduo feito até ali na construção do país não foi recompensado, nem foi dado espaço para participação na política. E ainda assim, quaisquer dificuldades enfrentadas pelo povo negro eram a eles mesmos atribuídas, como formas de fracasso intrínsecas a esta parte da população.

Havia um descompasso entre o projeto da nova república e suas promessas de modernidade, em 1889, e o fim da escravidão, proibida apenas um ano antes. O caráter histórico das violações, torturas, explorações e tratamentos desumanos dado ao povo negro era convenientemente ignorado. A escravidão havia acabado oficialmente, entretanto as ferramentas do racismo e os processos de desumanização da população negra persistiam, autorizando a continuidade do tratamento subumano conferido aos negros e negras.

Era grande o interesse em refutar as mazelas do período escravocrata e tornar o Brasil um local mais "avançando", nos parâmetros europeus. Deu-se início, então, a política genocida de embranquecimento da população brasileira (NASCIMENTO, 1978), amparada no aparato supostamente científico de Nina Rodrigues (2011) e Lombroso (1876), em que se considerava a população negra como de espécie inferior, com degenerações. As orientações da Igreja Católica também iam nesse sentido ao afirmar, por exemplo, que o negro possuiria "sangue infectado" (NASCIMENTO, 1978, p. 70).

O país adotou uma política imigratória que priorizava trabalhadores brancos europeus em detrimento do povo negro, que já se encontrava em território nacional; e isto intensificou as vivências de desprezo e abusos da população negra. Práticas eugenistas tomaram corpo, sendo compreendidas enquanto nova ciência, que buscava apresentar um "caminho para harmonizar a relações sociais num país que possuía um grande número de negros e mestiços" (FARIA, 2018, p. 34). Isto culminou na restrição de imigração do povo negro e nas políticas públicas de cerceamento de direitos sexuais e reprodutivos com o intuito de restringir a procriação das ditas raças inferiores (FARIA, 2018, p. 36).

Havia uma preocupação em controlar os corpos negros, vez que se buscava uma limpeza racial no país. Diante da impossibilidade do controle através da escravidão, os discursos lombrosianos foram centrais para o controle a partir da marginalização e criminalização da população negra, servindo, ainda, como embasamento das práticas eugenistas.

A construção histórica do povo brasileiro seguiu, portanto, mergulhada em ideias e práticas que naturalizavam a população negra como inferior, menos humana, ensejando intervenções para minimizar supostos transtornos. Foi nestes termos que se constituiu o Brasil, em cima do povo africano escravizado e do extermínio de índios e índias.

A exploração imperialista extirpou riquezas brasileiras enquanto sugava até a última gota o sangue e o suor negros, ao passo que essa segmentação da sociedade brasileira a partir do racismo segue fortemente invisibilizada, sob o engodo da democracia racial brasileira (NASCIMENTO, 1978), com afirmações de que a mestiçagem da população representaria as relações saudáveis que teriam sido construídas ao longo dos séculos. Esse tipo de discurso se presta à invisibilização do racismo e manutenção do *status quo* e segue vigente ainda hoje, com grande força, por sua fácil aceitação, como afirma Sueli Carneiro (apud BORGES, 2018b, p. 27):

> (...) são argumentos de fácil aceitação pelo que reiteram das ideologias presentes no senso comum em que o elogio à mestiçagem e a crítica ao conceito de raça vem se prestando, historicamente, não para fundamentar a construção de uma sociedade efetivamente igualitária do ponto de vista racial, e sim para nublar a percepção social sobre as práticas racialmente discriminatórias presentes em nossa sociedade.

Essa construção do país fez com que as consequências destas práticas fossem tão graves que ainda são experimentadas pela população negra.

O racismo ainda é presente e tutela as relações de diversas formas, ao passo que segue sofrendo processos de invisibilização, com o suporte do mito da democracia racial que, dentre outras coisas, trata o período da escravidão com menos gravidade do que de fato foi, chegando a afirmar que o tratamento do colonizador era, de certa maneira, humanizado (NASCIMENTO, 1978).

Ao ser apropriado como elemento estruturante do capitalismo, as práticas racistas são marcadas pelas formas de controle do capital. Nesse sentido é que o sistema de justiça criminal se constrói e se ressignifica ao longo da história tendo a hierarquia racial como um dos seus pilares (BORGES, 2018b, p. 40). Não por outra razão, a população carcerária brasileira é, majoritariamente, composta por pessoas negras (BRASIL, 2017a).

As instituições se reinventam dentro dos propósitos do capital. Nesse sentindo é que a Guerra às Drogas se manifesta como uma das práticas de estigmatização e marginalização do povo negro. Como sintetiza a advogada norte-americana Michelle Alexander (2018) ao dizer que "uma vez após outra, os mais ardentes proponentes da hierarquia racial foram bem-sucedidos em criar sistemas de castas" (p. 54).

A partir de uma política criminal genocida, o Estado aponta sua mira para a população negra. Segundo dados do Atlas da Violência de 2017, aos 21 anos, o jovem negro apresenta 174% mais chance de ser assassinado do que o jovem branco. Essa letalidade racista faz com que, nas palavras da socióloga Vilma Reis (2005), um jovem negro vivo seja considerado um sobrevivente (p. 227).

O tratamento conferido ao povo negro está intimamente ligado à prática denominada por Achille Mbembe (2015) como necropolítica, que se conforma enquanto poder de decidir quem deve viver e quem deve morrer. As condições precárias a que são submetidas a população negra, como projeto político desmotivador, desmobilizador, de insegurança e de vulnerabilidade, operam enquanto prática de controle e extermínio (BORGES, p. 2018b).

A política de drogas, por meio da sua abordagem de Guerra, vem acontecendo nos contornos da necropolítica, ocasionando o genocídio institucionalizado da população negra e pobre. Nesta Guerra, as condições a que estão submetidas as mulheres, sobretudo mulheres negras, enseja um olhar apurado sobre a questão.

São as mulheres negras que figuram na base da pirâmide sociorracial e que compõem a maior parcela de pessoas em situação vulnerável e precária no mundo (BORGES, 2018a). As formas de exploração das mulheres negras expressam o aprofundamento das contradições capitalista ao interseccionar o racismo e o patriarcado. Como leciona a pesquisadora Mariana Dornellas (2017):

> Interseccionalidade foi o termo cunhado por Kimberle Crenshaw para explicar as formas em que as mulheres negras são sujeitas a discriminação racista e sexista simultaneamente. Segundo a autora (1989, p. 149), as mulheres negras não são discriminadas simplesmente enquanto mulheres, ou somente enquanto pessoas negras, e nem mesmo apenas pela soma das duas circunstâncias, mas também pelo efeito combinado das práticas de discriminação, especificamente enquanto mulheres negras. (p.5)

Deste modo, embora as mulheres não possam ser entendidas de maneira universal, o patriarcado figura como base material da exploração capitalista dos corpos femininos (SAFFIOTI, 2013). Imprimindo sua marca de dominação-exploração, estruturando as relações capitalistas.

2.1.3. MULHERES E O PATRIARCADO EM UMA SOCIEDADE DE CLASSES

Assim como o racismo, o patriarcado é anterior ao capitalismo, mas também foi apropriado por este último como mais uma forma de subjugar e explorar seguimentos da população com suas violências "autorizadas".

Outras formas de relação de gênero[9] existiam antes das sociedades patriarcais. Há registros de sociedades com relações igualitárias entre homens e mulheres. Mesmo em sociedades em que existia divisão sexual do trabalho entre homens e mulheres, é possível apontar situações

---

9 O gênero representa uma categoria histórica de construção social do masculino e feminino (SAFFIOTI, 2015, p. 47), da qual não se pode presumir uma hierarquia entre os sexos.

em que isto não culminou em hierarquização da importância de cada trabalho (SAFFIOTI, 2015, p. 61).

O patriarcado surge como uma forma de relação de gênero, existente há, aproximadamente, seis ou sete milênios (SAFFIOTI, 2015, p. 48). Atribui-se seu início ao momento em que homens e mulheres se sedentarizaram, constituindo a propriedade privada, cultivo de alimentos e criação de animais. Esta criação permitiu uma observação mais atenta quanto aos processos de reprodução da vida, rompendo com a imagem que se tinha do fenômeno gravidez/parto enquanto algo mágico, que tornava as mulheres poderosas. Os homens passaram a compreender a si próprios como fonte da vida e a quantidade de filhos passou a ser algo relevante, representando quantas pessoas iriam trabalhar no terreno privado, o que fortaleceu a prática de controle dos corpos femininos.

Ao longo dos milênios e das distintas formas organizativas na sociedade, o patriarcado foi sendo ajustado e ganhando contornos específicos, com a semelhança da manutenção da mulher em uma relação social de dominação-exploração, conceito cunhado pela socióloga Heleieth Saffioti (2015):

> A dominação-exploração constitui um único fenômeno, apresentando duas faces. Desta sorte, a base econômica do patriarcado não consiste apenas na intensa discriminação salarial das trabalhadoras, em sua segregação ocupacional e político-deliberativos, mas também no controle de sua sexualidade e, por conseguinte, de sua capacidade reprodutiva. Seja para induzir as mulheres a ter grande número de filhos, seja para convencê-las a controlar a quantidade de nascimentos e o espaço de tempo entre os filhos, o controle está sempre em mãos masculinas, embora elementos femininos possam intermediar e mesmo implementar estes projetos. (p. 113)

Essa forma de relação de gênero foi se constituindo de tal maneira que é possível compreender o patriarcado enquanto uma espécie de contrato entre os homens ao qual as mulheres estão sujeitas, são submetidas. Um acordo que ultrapassa níveis da vida privada, alcançando todo o corpo social e a esfera pública, incidindo na divisão sexual do trabalho, na vivência da opressão, embebido do processo de dominação-exploração (SAFFIOTI, 2015, p. 112). Este acordo se constituiu e se imbricou nas relações sociais ao longo dos anos de tal forma que permitiu, e segue permitindo, uma série de práticas e violações contra as mulheres, reiterando o lugar destas últimas como subjugadas aos homens, se fortalecendo através de práticas de dominação ideológica e naturalização da violência.

Nesses termos, especialmente em razão da "autorização" para a exploração inescrupulosa de um grupo sob outro, tal qual fez com o racismo, é que o capitalismo se apropria do patriarcado. O Estado, enquanto representante do capitalismo, de seus interesses e da manutenção do *status quo*, reproduz práticas patriarcais, com a anuência de outros instrumentos do capital, como o Direito. O sistema judicial produziu ao longo da história legislações diversas de controle das mulheres.

Discursos e produções científicas também tiveram importante papel nos processos de controle dos corpos femininos, o que, ainda hoje, é possível ser observado. Práticas machistas e misóginas ganham invólucro científico. Em 1887, por exemplo, foi publicado no Brasil o livro "A Mulher e a Sociogenia", de Livio de Castro, no qual, dentre outras coisas, o autor defendia que as mulheres tinham o mesmo desenvolvimento cerebral que uma criança (FARIA, 2018, p. 43). A partir destas perspectivas é que foram construídas relações sociais das quais fazem parte as mulheres, com a autorização de sua dominação-exploração revestida de suposto caráter científico.

Perpassando todo o corpo social, o patriarcado dita regras nas relações públicas e privadas. Desde o momento do nascimento, já está delimitado o papel social que deverá ser exercido pelas mulheres e pelos homens. Com suas capacidades subvalorizadas, elas são inseridas no sistema de produção de forma periférica ou marginal. Se para a manutenção do capitalismo faz-se necessária a existência de um exército de reservas, as mulheres, enquanto grupo vulnerável nas relações sociais, são esmagadas por esta necessidade.

Nesses termos é que se funda a divisão sexual do trabalho. Os trabalhos domésticos ficam designados às mulheres. Considerado como trabalho reprodutivo e não produtivo, este trabalho sofre forte desvalorização e invisibilização, sendo compreendido pelo capital como um não trabalho. Naturalizado enquanto função feminina, as tarefas domésticas são atribuídas à mulher como uma vocação, o que favorece a estrutura capitalista de exploração. Trabalhadoras domésticas, mal remuneradas ou não remuneradas, permitem que os homens não precisem dar conta do serviço doméstico que subsidia sua existência, fazendo com que possam estar nos espaços públicos, tendo a sua força de trabalho explorada nos meios de produção para obtenção de lucro.

A inserção das mulheres no mercado de trabalho remunerado não rompe esse processo. Manter o trabalho doméstico no âmbito da responsabilidade privada é uma ferramenta do capitalismo (DAVIS, 2016, p. 226), poupa o Estado, o capital, de gastos nessa esfera, legitimando explorações. O trabalho doméstico segue como função feminina, cumprido, na maior parte das vezes, por trabalhadoras domésticas remuneradas, ou por mulheres em duplas ou triplas jornadas de trabalho, quando, em verdade, deveria ser um trabalho socializado. O cuidado com as crianças e a preparação das refeições deveriam ser socializados, as tarefas domésticas industrializadas (DAVIS, 2016, p. 234).

O excesso de trabalho, ainda nos dias de hoje, é naturalizado na sociedade patriarcal, contando com aval supostamente científico que atribui à mulher a capacidade de ser multitarefas, o que, não raro, se expressa no adoecimento físico e/ou psíquico feminino. De acordo com dados do estudo *Retrato das Desigualdades de Gênero e Raça* (2017, p. 4), as mulheres trabalham em média 7,5 horas a mais que os homens por semana e 90% das entrevistadas declararam cumprir tarefas domésticas, enquanto apenas 50% dos entrevistados fazem o mesmo.

A respeito deste excesso de trabalho há que se falar da situação ainda mais grave experimentada pelas mulheres negras. Raramente as atividades delas estão restritas às de dona de casa. Via de regra, elas trabalham exaustivamente. Como assevera Angela Davis (2016), como seus companheiros negros "elas assumiram a responsabilidade de provedoras da família" ao passo que, assim como as mulheres brancas consideradas dona de casa, elas "cozinharam e limparam, além de alimentar e educar incontáveis crianças" (p. 233).

Dados acerca das violências sofridas pelas mulheres também são alarmantes. Com 89% das vítimas do sexo feminino, só em 2015 foram registrados 45.460 casos de estupro, conforme dados do Anuário Brasileiro de Segurança Pública (2016), uma média de 125 estupros por dia. O controle dos corpos femininos promovido pelo capitalismo patriarcal se expressa fortemente através da violência.

O patriarcado se estabelece a partir de uma disputa por poder fundada no controle e no medo e que, aliada ao capitalismo, designa às mulheres uma série de mecanismos de controle. Com isso, corpos femininos são submetidos a situações de grande violação de direitos.

A despeito dos mecanismos de controle e do forte aparato ideológico, ao longo da história do patriarcado as mulheres construíram uma série de lutas e formas de enfrentamento às violências a que foram submetidas, garantindo conquistas de direitos. Através do movimento sufragista é que passaram a votar. Entretanto a base material do patriarcado não foi destruída. As mulheres ainda estão submetidas a incontáveis situações de violência e exploração econômico-social.

Situações de empoderamento individual ou de pequenos grupos de mulheres não representam o todo. Análises no plano individual afastam a compreensão do caráter estrutural da exploração patriarcal, fortalecendo a perspectiva meritocrática capitalista que atribui aos indivíduos a responsabilidade por suas condições na sociedade, como alerta Saffioti (2004):

> [...] se a maioria das mulheres não conseguiu uma situação proeminente, a responsabilidade é delas, porquanto são pouco inteligentes, não lutaram suficientemente, não se dispuseram a suportar os sacrifícios que a ascensão social impõe, num mundo a elas hostil." (p. 114)

A luta feminista, portanto, em uma sociedade notadamente patriarcal, ainda é de extrema relevância. É importante destacar que, embora grupos de mulheres se unifiquem na luta por determinados direitos, a interseccionalidade de marcadores distintos de opressão faz com que as consequências das violências as alcance de maneira distinta. É dizer, todas as mulheres estão submetidas ao patriarcado, mas aspectos como o racismo incrementam a violência.

A luta sufragista anteriormente mencionada, por exemplo, após sua vitória, teve um apagamento da participação das mulheres negras, a despeito do papel central que tiveram para a conquista do direito feminino ao voto (DAVIS, 2016). Ademais, as mulheres negras foram submetidas a situações de extrema violência que limitavam o exercício do direito recém adquirido, mas isto não levou suas companheiras de luta pelo sufrágio, mulheres brancas, a se posicionarem em seu favor contra o racismo (DAVIS, 2016, p. 154).

O controle capitalista patriarcal dos direitos sexuais e reprodutivos das mulheres, por seu turno, também imprime diferenças em razão da interseccionalidade. Nas incursões eugenistas em busca do branqueamento da população brasileira, mulheres brancas sofreram forte influência e ações que as objetificavam, reforçando o papel de reprodutoras, ao passo que as mulheres negras sofreram com ações diametralmente opostas às das primeiras.

A reprodução passara a ter forte teor de responsabilidade coletiva, em que se buscava controlar a produção de "boa" ou "má hereditariedade", notadamente ligada às pessoas brancas ou negras, respectivamente (FARIA, 2018, p. 37). Nesses termos se fortaleceu o papel social da mulher branca como mãe, aproximando-a da luta pelo direito de autonomia no tocante às escolhas das suas relações afetivas e a não querer a maternidade. As mulheres negras, por outro lado, desde o período escravocrata, foram submetidas a diversas tentativas de cercear seu direito de construir relações afetivas, embora resistam firmemente a essas investidas e a vida doméstica tenha tido grande importância na vida social do povo negro no período da escravidão (DAVIS, 2016, p. 29).

Nesse fenômeno de observância da interseccionalidade entre marcadores de opressão se encerra o nó de Saffioti (2013), em que as "pontas", condições/marcadores de legitimação de violência, elencados pela autora como o racismo, o patriarcado e classe social, estão constantemente em tensão, ora "puxando" mais em uma direção, ora em outra, ou conjuntamente. Deste mesmo modo, mulheres em condições de vulnerabilidade sócio econômicas também veem as práticas de exploração-dominação a que estão submetidas serem incrementadas por questões ligadas à sua cor de pele.

As formas de controle do sistema de justiça também as atingem de maneira diversa. As mulheres negras fazem parte da população que há séculos vem sofrendo investidas genocidas no Brasil. A Guerra às Drogas se configura como uma dessas investidas. A população carcerária feminina vem aumentando exponencialmente, alimentada, principalmente, por corpos femininos negros (BRASIL, 2017b).

É possível concluir, deste modo, que o patriarcado se expressa na vida de todas as mulheres, mas suas vivências são diversas. Nesse sentido não é possível falar de feminismo que não vislumbre a libertação das mulheres como um todo. Para tanto, é necessária uma ruptura com as práticas da sociedade atual que legitimam as explorações e violências.

A prática feminista que se propõe a ser libertadora, além de ir de encontro ao patriarcado, deve, necessariamente, ser antirracista e anticapitalista, a partir de uma mudança radical de paradigma.

2.2. O PUNTIVISMO A PARTIR DA MODERNIDADE E O CONTROLE DOS CORPOS FEMININOS

Estudar a vida das mulheres nas sociedades ocidentais, especialmente dos últimos séculos, é caminhar por uma trajetória de dor e abusos. O patriarcado e, posteriormente, sua apropriação pelo capitalismo, aplicaram formas punitivas diversas como práticas autorizadas ao controle das vidas e corpos femininos.

Ao longo dos séculos foram construídos discursos, como os científicos, os religiosos e os estatais, fundamentais para legitimação e perpetuação destas formas de violência. Nesse sentido, analisaremos em um primeiro momento o período da Inquisição, dada sua importância enquanto marco do início da criminologia moderna (ZAFFARONI, 2013) e seu papel na construção de estereótipos autorizadores da punição de mulheres (PRIORE, 2004). Em seguida analisaremos como o punitivismo tem funcionado no controle dos corpos femininos.

2.2.1. A PERSEGUIÇÃO DE MULHERES NA INQUISIÇÃO E A INAUGURAÇÃO DA PUNIÇÃO NA MODERNIDADE

As práticas patriarcais de controle dos corpos femininos antecedem o período medieval e a Inquisição. Nos espaços privados era usual que as mulheres, ou mesmo meninas, passassem da tutela de seus pais para as de seus maridos. E, embora esta movimentação pareça de caráter privado, não se pode perder de vista seu aspecto estrutural, vez que tais práticas ocorriam com a anuência do poder público, mesmo em diferentes sociedades, com distintas formas organizativas.

Na Grécia Antiga, por exemplo, as mulheres, como as crianças, não eram sequer consideradas cidadãs, razão pela qual não tinham direitos políticos (FUNARI, 2002, p. 25). Em Roma eram consideradas animais falantes, categoria em que estavam também escravos e filhos, ainda que tivessem alguma inserção social (FUNARI, 2002, p. 61).

A sociedade romana, por sua vez, chegou a ser considerada como "sociedade do estupro" (FUNARI, 2002, p. 64), diante da prática recorrente de homens raptarem mulheres, as violentarem sexualmente e então torná-las suas esposas. Outra prática comum era a de considerar as mulheres como espólio de guerra, tratando-as como objeto conquistado e sujeitando-as a uma série de violências, notadamente de cunho sexual.

É com a ascensão do Cristianismo e o início da Idade Média, contudo, por volta de 1450, que se asseveram práticas violentas contra as mulheres, dando início a uma era de extrema brutalidade. Como nos ensina Zafarroni (2013), este período se caracteriza pela reinauguração da punição na modernidade, tendo na postura da Igreja e sua Santa Inquisição, criada no início do século XIII, seu marco central, o que tem fortíssima ligação com a punição de mulheres. Àquela época, a Igreja representava uma instituição de muita força política, com interesses em expandir e manter seus setores de controle e poder político e econômico.

Sob a justificativa de extirpar aqueles que seriam contra Deus, o Santo Ofício desponta enquanto tribunal responsável por perseguir e julgar os ditos hereges. Não demorou muito para que fosse necessário incrementar os motivos para punição, tendo em vista o rápido aniquilamento dos hereges. Nestes termos é que surge a figura do Satã a ser combatido através da guerra (ZAFARRONI, 2013).

Não sendo o Satã uma figura humana, e, portanto, passível de ser combatido diretamente, para dar vasão às práticas punitivistas e de controle, se construiu na figura da mulher a ideia de servidora do Satã. Com um histórico patriarcal e machista, a Igreja já via na figura da mulher um ser inferior, incompleto, responsável pelo fim do Éden e pela entrada do mal no mundo dos homens (PRIORE, 2004, p. 7).

Nestes termos, emergiu a teoria do pacto satânico, que conclamava que satã agia por meio das mulheres a partir de um pacto entre ele e elas (ZAFFARONI, 2013, l.8). Deu-se início a uma forte perseguição, que combateu tudo que fugia do poder da Igreja, como religiões e deuses pagãos, o que alimentou a intolerância durante séculos, mesmo após o fim dos trabalhos do Santo Ofício.

A figura da mulher representava as mazelas da humanidade, com grande potencial destruidor e propensão à delinquência. Ao passo que os homens eram divididos entre os que eram possíveis vítimas do mal, alvo de feitiçarias, e os que eram capazes de não sucumbir a elas e, portanto, responsáveis por julgá-las e puni-las.

A necessidade de combater os perigos contra a humanidade e a ideia de que aqueles que se levantassem contra isso seriam possíveis vítimas das feitiçarias das criminosas foram utilizados como forma de legitimar uma série de atrocidades cometidas contra as mulheres. As mulheres, especialmente as consideradas do povo, detinham conhecimentos acerca de plantas e formas de cura que não as médicas, o que representava risco à Igreja e aos discursos medicalizantes que buscavam se firmar.

O controle do saber e da fé firmaram a Inquisição como uma grande perseguição às mulheres. Por vezes as investigadas eram estupradas em caráter de tortura para obtenção de confissões, o que seguia ocorrendo após as condenações. As punições da Inquisição tinham caráter extremamente perverso e desumano, demarcando o poder sobre os corpos femininos, seus desejos e sua liberdade sexual. Além da dor física, havia o aspecto simbólico das violências, do poder patriarcal e da submissão das mulheres.

Já na idade moderna, foi publicado, originalmente no ano de 1486 pelos inquisidores Heinrich Kramer e Jakob Sprenger (2015), o livro de grande relevância para a Inquisição: o *Malleus Maleficarum* (Martelo das Feiticeiras). A obra emergiu como primeiro tratado criminológico, teorizando sobre a origem do crime (ZAFFARONI, 2013, l. 10), e foi utilizada para instrumentalizar inúmeras ações inquisitoriais.

No livro as mulheres eram descritas como animais imperfeitos que "são por natureza mais impressionáveis e mais propensas a receberem a influência do espírito descorporificado", que seriam "possuidoras de língua traiçoeira, não se abstêm de contar às suas amigas tudo o que aprendem através das artes do mal", concluindo que "toda bruxaria tem origem na cobiça carnal, insaciável nas mulheres" (KRAMER E SPRENGER, 2015, p. 22).

O forte controle patriarcal exercido sobre as mulheres fez delas as principais vítimas da Inquisição, tanto por parte da igreja quanto, posteriormente, por parte dos Estados. Estes últimos que, com a transição feudal para os Estados nacionais europeus e suas estruturas sociais mais rebuscadas, exigiram para si o direito à punição, dando continuidade à Inquisição e perseguição das mulheres.

Sob grande influência patriarcal, o discurso de criminalização dessas mulheres se baseava em construções morais do bem e do mal. Os monarcas se valeram do *Malleus Maleficarum* como compilado de diretrizes que autorizava as práticas violentas contra as mulheres. O poder punitivo saiu das mãos do Papa e passou para a de juízes estatais.

Qualquer mulher que fugisse de alguma maneira aos moldes regulares de controle poderia ser considerada alvo e passível das punições previstas. Mulheres que escolheram não se casar, reclusas; mulheres que frequentavam ambientes nos quais suas presenças não eram moralmente autorizadas; que manipulavam elementos da natureza, como ervas; dentre outras, faziam parte do grupo das que poderiam ser perseguidas.

Papéis sociais de gênero eram bem definidos, com uma série de marcadores, restringindo as mulheres ao trabalho doméstico e de cuidados, não sendo autorizado a elas romperem com isto. Forte violência era exercida contra o público feminino como forma de controle, o que reforçou em demasiado o lugar socialmente possível para as mulheres.

No Brasil, a Inquisição também serviu como forma de garantir interesses do estado, fazendo uma série de vítimas. Entretanto, na colônia de Portugal as condenações foram principalmente por crimes contra a fé católica, o que à época representava uma ameaça aos mecanismos de controle da coroa. Ainda assim os discursos acerca das feitiçarias e outras práticas eram altamente ligados às mulheres (MENDES, 2014, p. 146).

No período colonial as punições de mulheres ocorriam principalmente a partir do poder privado exercido pelos senhores, com variações entre negras e brancas. As mulheres brancas eram punidas, principalmente, por meio da restrição delas em suas casas, conventos ou hospícios. As mulheres negras, por sua vez, que já estavam submetidas aos processos desumanos e extremamente violentos da escravidão, em muitos momentos sofriam punições de maneira pública, que eram, entretanto, feitas por seus senhores, que detinham o direito de puni-las. Os castigos ultrapassavam os açoites e mutilações (que também eram praticados contra os homens), chegando a estupros e outras coerções sexuais (DAVIS, 2016, p. 20).

Esta forma de "caça às bruxas" ou "caça às mulheres" foi marcada pela institucionalização da violência brutal promovida pela Inquisição e só teve fim com a ascensão do Iluminismo, aproximadamente em 1750. As práticas inquisitórias, que haviam sido tomadas como parâmetro para o tratamento de criminosos no geral, passaram a ser abolidas pelo discurso iluminista. A racionalização do poder punitivo do Estado passou a ser demandada. O discurso criminológico propunha a superação das práticas centradas nos corpos dos condenados, propondo uma segurança jurídica, com garantias de direitos individuais dos acusados (ANDRADE, 2012, p. 187).

A Revolução Francesa e suas proposituras, com a Declaração dos Direitos dos Homens, se instauram com a preocupação com a igualdade de direitos e a necessidade de conferir segurança a todos, se distanciando do olhar sobre o indivíduo. O Direito Penal, formulado pela escola conhecida como clássica, sai da figura do autor para se tornar o Direito Penal do fato.

Os debates promovidos por esta escola partiram do questionamento dos limites do poder dos soberanos para a construção do que Foucault (1999) chama de "tecnopolítica da punição". Esta tecnopolítica se conformou em uma economia punitivista, com cálculos minuciosos acerca do *quantum* necessário de punição para a expiação do mal causado, onde se estabelece o principal objetivo da reforma penal.

A saída do suplício para novas formas de punição, portanto, representa muito mais o intento por novas formas de controle, punição e vigilância a partir da economia do poder de castigar, do que um movimento motivado pela bondade. Sobre isto assevera Foucault (1999):

> Sob a humanização das penas o que se encontra são todas essas regras que autorizam, melhor, que exigem a 'suavidade', como uma economia calculada do poder de punir. Mas elas exigem também um deslocamento do ponto de aplicação desse poder: que não seja mais o corpo, com o jogo ritual dos suplícios; que seja o espírito (...). (p. 84)

O objeto se torna o crime, se afastando da necessidade de pesquisa etiológica acerca da criminalidade. O delito passa a ser visto como um conceito jurídico e o comportamento delitivo surgiria a partir da vontade do indivíduo (BARATTA, 2011, p. 31), em um olhar metafísico do fenômeno.

Já no século XIX se inaugura outra forma de se perceber a realidade. Ocorre uma mudança de paradigma com a saída da metafísica para a empiria do positivismo. O objeto de análise deixa de ser o delito e passa a ser o homem delinquente, passível de ser clinicamente observável, pois seria "diferente" dos demais (BARATTA, 2011, p. 29). Se inicia um novo momento dos estudos criminológicos, o positivista.

2.2.2. A CRIMINOLOGIA MODERNA E OS ESTEREÓTIPOS DA MULHER CRIMINOSA

Os discursos criminológicos positivistas etiológicos ganharam força calcados em um suposto caráter científico que justificava o controle dos ditos criminosos. Esta manta científica autorizava a violência estatal contra os indivíduos ruins por natureza, por causas ontológicas.

Nesta perspectiva de justificativa etiológica para o crime, emergem conceitos como o de Lombroso (2007) e do criminoso nato que, dentre outras coisas, concluiu que existiria um determinado grupo de homens com predisposição ao cometimento de crimes. Não por coincidência, as características físicas atribuídas a estes grupos eram as da população negra. O que teve grande contribuição na construção estigmatizante do negro enquanto criminoso e perigoso. Se conforma então um Direito Penal do autor.

Nesse paradigma do Direito Penal do autor se formulam teorias a respeito da mulher criminosa. Embebido também em caráter de suposta cientificidade, surge o escrito de Lombroso e Ferrero (1898), no qual, a partir de pesquisa em penitenciárias femininas, os autores concluem que existiriam características comuns às criminosas, sustentando, ainda, a inferioridade da mulher.

A obra Lombrosiana a respeito das mulheres não foge à misoginia e machismo do período, adicionando à reprovabilidade da mulher criminosa aspectos ligados à moral e aos papeis sociais considerados como características natas das mulheres. Nesse sentido, as ditas criminosas seriam ainda mais reprováveis, teriam extrema perversidade, tudo isso em razão de não atenderem corretamente ao papel social a elas designado.

Este aparato científico trazido pela criminologia positivista se aliou com o que já havia sido construído até então acerca das mulheres criminalizadas. Se reafirmando e consolidando o discurso sobre a inferioridade da mulher, a necessidade de controle delas com propósitos de manutenção de papéis sociais. Sobre isto, Lola Aniyar de Castro assinala que:

> Algumas teorias tratam de explicar, separadamente, a problemática do feminino. Alguns positivistas nos falam da "natureza particular das mulheres, sua passividade natural, sua peculiar psicologia". Estas teorias de deficiência patológica, se aproximam bastante das chamadas "sexual role reserva/theories", as quais, ainda se perguntando sobre a reação social, a veem como consequência de uma identidade sexual deteriorada. É dizer, que violariam mais as expectativas contra seu papel sexual que as normas penais, o que ideologicamente, nos dizeres de Weis, dividiria as mulheres entre boas (conformadas-oprimidas) e más (desviadas). Conquanto o papel social feminino todavia é biologicamente definido (Chesler, 1975), quando a mulher viola seu papel social é como se transgredisse a natureza. (p. 339)

A autora segue afirmando que para diversas teorias a mulher criminosa era considerada menos feminina e por isso anormal. Lombroso (1898) atribuiu às mulheres delinquentes uma série de características consideradas masculinas, como excesso de pelos no corpo. Os comportamentos que subvertiam os papeis sociais designados às mulheres eram ligados à sua criminalidade, fundados em argumentos científicos que legitimavam formas de controle para disciplinar as transgressoras (FARIA, 2018, p. 51). Lola Aniyar (2002) conclui que "as mulheres eram infratoras, portanto, por se rebelarem ao papel social-sexual designado, as pecadoras sexuais, as bruxas, as bêbedas as de vida desordenada e as desobedientes!" (p. 338)

Nessa esteira, com os discursos positivistas acerca das pessoas que cometiam crimes, alinhados às proposituras da escola clássica, se assenta o controle penal moderno. Embora aparentem uma dicotomia entre si, as escolas se complementam com a generalização das leis e catalogação de condutas desviantes de uma, somadas a individualização das penas e a da recuperação do criminoso da outra (FLAUZINA, 2006, p. 17).

O poder punitivo se conformou, então, de maneira verticalizada, coorporativa e colonizadora (ZAFFARONI, 2013). Discursos legitimadores da pena naturalizaram práticas, como se não existisse o caráter histórico em que tais discursos foram construídos, o que fortalece o lugar de poder, enquanto relação do dominado e do subjugado. Como leciona Mendes "a sociedade passa a organizar-se como uma rede de relações de senhoria e obediência, que encontra precisas respostas no imaginário coletivo e (…) na reflexão teleológica e jurídica" (2014, p. 156).

As instituições totais oficializadas (GOFFMAN, 1999), enquanto locais de internamento, se inscrevem neste paradigma do controle penal moderno. Dentre as mulheres, aquelas que fugiam dos padrões patriarcais, de princípios morais e de castidade, em um processo de cerceamento, eram selecionadas para ocupar estas instituições. Era de interesse do patriarca, tanto no âmbito privado, quando se tratava de maridos e pais, quanto na esfera pública, através do Estado misógino, custodiar mulheres "desviantes", mantendo-as afastadas do poder público e de tomadas de decisão.

Nesse sentido, os conventos operaram em diversas situações como local de enclausuramento de mulheres. É possível apontar uma ambiguidade na função desta instituição total, tendo em vista ter servido como refúgio para mulheres que viviam situações de abuso. Contudo, mesmo nessas situações, há que se falar em uma modalidade de cerceamento de liberdade, diante dos fortes mecanismos de controle e ausência de autonomia.

Em muitos casos as mulheres eram levadas aos conventos como forma de internação compulsória, a despeito da ausência do desejo pela vida eclesiástica. A vida nesta modalidade tinha aspectos fortes de encarceramento, com uma forte separação entre as mulheres e o mundo externo ao convento (MENDES, p. 144, 2014).

No Brasil, neste ponto também se diferencia o tratamento conferido às mulheres brancas e às negras, mestiças ou "cristãs novas". Para as últimas havia uma interdição de sua participação, não sendo permitido que ingressassem nos conventos. Os estabelecimentos tinham forte caráter de controle patrimonial para famílias cujas mulheres não aceitavam matrimônios, ou que se insurgiam contra seus papéis na sociedade (PRIORE, 2004, p. 71).

Além dos conventos, a igreja exerceu papel importante ao criar os primeiros centros de detenção femininos no século XIX, cuja administração religiosa perdurou até metade do século XX (MENDES, p. 152). As práticas de cerceamento das mulheres por parte da Igreja denotam o caráter para além da punição de criminosas, mas também das que desvirtuavam das condutas morais.

Nesse diapasão, a sexualidade das mulheres também foi submetida a forte controle, em conjunto com processos eugenistas que tratavam a fertilidade feminina a partir do papel social da mulher enquanto mãe, porém apenas as higienicamente adequadas, as mulheres brancas (FARIA, 2018, p. 41). Essas eram as mulheres que o país tinha interesse que procriassem, vez que se deseja embranquecer a população (NASCIMENTO, 1978). A eugenia tinha caráter absolutamente racista, além de machista. Como assinala Thaís Faria (2018):

> Vários foram os discursos desenvolvidos por médicos e juristas, mas a criminologia, então reconhecida como ciência, em finais do século XIX, contribuiu sobremaneira para a determinação dos padrões de comportamento aceitáveis e forneceu justificativas para a segregação de boa parte da população "não higiênica", através de argumentos que eram fornecidos à política criminal, e que, no Brasil, foram muito bem aceitos no início do século XX. (p. 51)

Neste período a atenção de controle voltada às mulheres nos moldes do direito penal eram muito mais restritas que no período da Inquisição. A criminologia que nasceu feita por homens acerca das mulheres ao longo dos anos foi se tornando uma ciência produzida por homens a respeito dos homens.

As mulheres deixaram de ser consideradas cientificamente relevantes (MENDES, 2014, p. 157), embora para elas sempre tenha existido um sistema punitivo, ainda que não declarado oficialmente, um sistema penal subterrâneo (AGUIRRE, apud MENDES, p. 153, 2014), habilitando quem são os bons do sistema social e os aspectos de controle informal. Levantamentos sobre as mulheres criminalizadas no Brasil no fim do século XIX e começo do XX se mostraram dificultosos, como apontou a pesquisadora Thaís Faria (2018, p. 23).

2.2.3. O CONTROLE DAS MULHERES ATRAVÉS DO CÁRCERE NA ATUALIDADE

O processo de invisibilização secular perpetrado contra as mulheres, como objeto, sujeito da criminologia e do sistema penal (ANDRADE, 2012, p. 129,), remete ao processo, tal qual aponta Santos (apud CARNEIRO, 2005, p. 96), de epistemicídio levado a cabo pela violência colonial. De acordo com o autor a expansão europeia não só foi responsável por um processo genocida, como também eliminou formas de conhecimento estranhas sustentadas por práticas sociais estranhas, qualquer coisa que ameaçasse a expansão capitalista, e aí, segundo o autor, se incluem os trabalhadores, índios, negros, as mulheres e demais minorias. (SANTOS apud CARNEIRO, 2005, p. 96)

A despeito da invisibilização das mulheres consideradas criminosas, estas seguiram sofrendo as consequências punitivistas, misóginas e racistas construídas ao longo dos séculos. Os discursos científicos criaram conceitos e estereótipos presentes ainda nos dias de hoje. Em "O Cemitério dos Vivos" (LEMGRUBER 1999), um dos primeiros estudos sobre mulheres encarceradas no Brasil, é notório o quanto falas medievais, calcadas em construções da igreja, bem como o aparato lombrosiano, influenciaram a visão a respeito das mulheres que haviam cometido algum crime.

De acordo com a autora, percepções sobre as encarceradas estavam embebidas no moralismo e na reprovação por transgredirem seu papel social. As apenadas eram vistas como "monstras" e masculinizadas, em conformidade com o "complexo de masculinidade" que Freud atribuía à criminalidade feminina, um desvio do seu papel biológico natural (LEMGRUBER, 1999, p. 2), o que reflete percepções como as Lombrosianas (1898), que afirmava "como uma dupla exceção, a mulher criminosa é, consequentemente, um monstro."[10] (p. 152)

Essa situação é reflexo, inclusive, do lugar da mulher na sociedade. O patriarcado e o racismo perpassam por todo o corpo social (ANDRADE, 2012, p. 140), de modo que não houve uma ruptura paradigmática acerca do lugar das mulheres no direito penal, permanecendo este último permeado por aspectos e leituras patriarcais.

---

10 Tradução nossa.

O capitalismo se apropria dos elementos de punição, tal qual outras práticas de controle, e, por meio de forte dominação ideológica, produz a ideia de que as práticas têm de ser tal como são, porque sempre foram assim. Deste modo, ideias como as construídas por Lombroso (1898, 2007) são utilizadas para o encarceramento desumano do povo pobre e preto; estaria autorizado submeter estes grupos, que supostamente têm tendências naturais à delinquência, a penitências e punições torturantes.

O sistema penal acaba por funcionar a partir de uma eficácia invertida em que "(...) a circulação da ideologia penal dominante entre os operadores do sistema e o senso comum (...) perpetua o ilusionismo, justificando socialmente a importância de sua existência e ocultando suas reais e invertidas funções." (ANDRADE, 2012, p. 136)

Isso se traduz na forma como o Direito, especialmente o penal, alcança as mulheres, reproduzindo violências as quais elas já estão cotidianamente submetidas, restringindo sua autonomia e reiterando a superioridade masculina, que segue fazendo escolhas e tutelando os corpos femininos.

A criminalização da prática do aborto é um exemplo desta situação. A construção da política criminal a esse respeito foi feita por homens, que deliberaram e decidiram sobre aspectos ligados ao corpo da mulher, cerceando o direito de escolha delas e a disposição do próprio corpo. A proibição é um reflexo dos mecanismos de controle do patriarcado sobre as mulheres, com forte carga moral e de ligação com direitos sexuais e reprodutivos.

O patriarcado tem um projeto histórico de controle da sexualidade das mulheres através da maternidade, sua função e papel social, determinando quem deve ter direito a ter filhos e quem será cerceada disto, por exemplo. As práticas eugenistas alcançam as mulheres negras de tal modo que até mesmo o aborto clandestino é "autorizado" às mulheres brancas e às primeiras fica reservado o assujeitamento a intervenções com grande risco à sua própria vida.

A tipificação da prática não impede que mulheres abortem (DINIZ *et al.*, 2016), só as empurram para procedimentos não legalizados, atentando contra sua vida e saúde. A proibição diz respeito muito mais a carga moral e simbólica a respeito da maternidade e as autorizações que as mulheres têm sobre seus próprios corpos. (HERNANDES, OLIVEIRA, 2019, p. 3)

Se de um lado se utiliza o argumento de que as decisões acerca da proibição do aborto estão ligadas à proteção à vida e direitos humanos, por outro os dispositivos e instrumentos legais de enfrentamento à violência contra a mulher criado nos últimos períodos têm sua legitimidade, reiteradas vezes, questionada, quando não passam por boicotes (HERNANDES; MORENO, 2019, p. 21). O sistema penal é incapaz de proteger, prevenir e resolver as situações de violência contra as mulheres, além de, em muitas ocasiões, submeter as mulheres a novas violências por ser um sistema de violência institucional que também afeta as mulheres. (ANDRADE, 2012, p. 131)

A misoginia e o racismo não alcançam apenas a legislação. Uma vez que operam de forma estruturante no capitalismo, incidem nas diversas estruturas que interagem com as mulheres, imputando práticas mais severas ao público feminino. A pesquisadora Débora Chesky (2014) apontou em seu estudo uma punição mais rigorosa e estigmatizante para a mulher presa, "que não se conforma com as normas sociais" (p. 49).

Nos estabelecimentos penais outras tantas violências são perpetradas contra as mulheres. Lemgruber (1999) elencou duas formas de administração penitenciária: a primeira, em que o poder se centra na força e nas punições físicas, através de espancamentos por parte das chefes (p. 67); e a segunda, em que punições a infrações do regulamento se dão de forma paternalista e moralista, por meio, principalmente, de ameaças, de violência psicológica (p. 71). Em ambos os casos a reprovabilidade da mulher criminosa "autoriza" os destratos contra as internas.

Na execução penal, a despeito do que dizem os dispositivos legais, nos vemos diante "muito menos de justiça, mas uma tendência ideológica de manter o *status quo* de barbárie do sistema penal e da sociedade de uma forma geral." (VALOIS, 2019, p. 11). A realidade das mulheres no cárcere está repleta de violações além das punições autorizadas. A partir de pesquisa realizada no Conjunto Penal Feminino de Salvador, a pesquisadora Carla Santos (2014) concluiu que:

> O racismo e sexismo institucionais são doenças sociais instaladas no interior do Conjunto Penal Feminino de Salvador. Trata-se de ideologias flagradas no despreparo profissional

> dos servidores públicos em lidar com o marcador racial quando cruzado com a classe e o gênero, um diagnóstico do fracasso institucional na tentativa vã de possibilitar às mulheres encarceradas a incorporação de valores sociais diferentes daqueles que levaram ao cometimento da infração. (p.152-153)

À pena privativa de liberdade se acrescentam punições que não estão previstas pelo direito que chamaremos de "penas acessórias não declaradas", não oficiais. O que poderia ser lido como uma expressão do sistema penal subterrâneo apontado por Lola Aniyar Castro (2005), haja vista que tais práticas de violência emergem de maneira não oficial.

Dentre estas penas acessórias não declaradas temos as relativas às mulheres gestantes no cárcere. A desatenção a que estão submetidas, com a ausência de acompanhamento pré-natal adequado e posteriormente de parto e pós-parto, ferem diretamente seus direitos sexuais e reprodutivos. Há apenas 3 anos o estado se pronunciou, através do Decreto n. 8.858 (BRASIL, 2016), proibindo o uso de algemas em mulheres em trabalho de parto. Não raro as mulheres têm seus filhos nos próprios estabelecimentos de custódia.

Conforme dados das instituições oficiais (BRASIL, 2017b) os estabelecimentos prisionais brasileiros não estão adequados para receber o público feminino e atender suas demandas específicas. Apenas 7% das unidades são voltadas para mulheres. Nos estabelecimentos exclusivos, apenas 34% possuem dormitório para gestantes. Já nos mistos, que são maioria, este número é ainda menor, apenas 6% tem estes espaços.

Há uma visão de que ao ser criminalizada a mulher passa a ser uma péssima mãe, desleixada, que não merece seus filhos (CHESKY, 2014, p. 49). O cerceamento do direito à maternidade pode ser visto como uma dessas penas acessórias que, além de ir de encontro ao direito da mulher, avança contra os direitos das crianças, ultrapassando o princípio constitucional da pessoalidade da pena, em que "**nenhuma pena passará da pessoa do condenado**(...)" (grifo nosso) (CF, art. 5º, 1988) ao atingir a prole da custodiada.

É cediço que nos moldes da sociedade atual são as mulheres que figuram como cuidadoras principais, quando não únicas, de sua prole. Deste modo, não só para as crias nascidas no cárcere, como também para as preexistentes, fica a mulher limitada ao relacionamento com suas filhas(os). E, embora a constituição preveja o direito a permanecer com seus filhos ao longo da amamentação (art.5º, L, CF, 1988), não é o que ocorre na maioria das vezes.

O inciso constitucional poderia ser utilizado como embasamento de prisões domiciliares, preenchidos os demais requisitos necessários, mas esta interpretação não costuma ser dada ao dispositivo (VALOIS, 2019b, p. 56). Em alguns casos as mulheres desistem de permanecer com as crias no período de amamentação para não as submeterem às péssimas condições em que se encontram no cárcere. Em outras ocasiões chegam a perder a guarda das filhas(os), que são institucionalizados e eventualmente adotados, fazendo com que esta mulher mãe experimente mais uma pena acessória não declarada, a da perda do poder familiar.

Outro exemplo de pena acessória não declarada é a do abandono afetivo. Muitas das internas não recebem visitas, seja por não terem relações afetivas anteriores ao cárcere, seja por seus companheiros também estarem custodiados, seja porque outras mulheres da família ficaram responsáveis pela manutenção da prole da apenada, dificultando a ida aos estabelecimentos carcerários.

As escolhas e regras nas prisões usualmente corroboram com o abandono infringido às presas. Visitas em dia de semana em horário comercial impossibilitam, por exemplo, a visitação por parte daqueles que trabalham, situação da maioria das famílias das encarceradas, que se encontram em situação econômica vulnerável. A visita íntima, por sua vez, muitas vezes sequer é permitida e quando o é, costuma ser regulada por rigoroso sistema de normas e critérios excludentes, diferente do que ocorre nas prisões masculinas (RITA, 2007, p. 49). Essa diferenciação de tratamento para mulheres e homens no cárcere tem forte influência do patriarcado e questões morais.

Há um vácuo na legislação e nas práticas do sistema penal que alcancem e protejam as mulheres de serem reviolentadas no cárcere. Conforme assevera Vera Andrade (2012) "o sistema penal é androcêntrico porque constitui um mecanismo masculino de controle para o controle de condutas masculinas (...)" (p. 145). Em verdade as práticas violadoras das mulheres não deixam de ter intencionalidade. Juliana Borges (2018b) aponta que:

Infelizmente, encarceramento sempre significou mais do que privação de liberdade. No caso das mulheres, enquanto que visibilizamos a violência doméstica no debate público, não trazemos para o centro do debate a invisibilidade e situação de extrema violência no cárcere. As prisões dependem da violência para funcionarem. E este contexto de intensa violência, aderindo contornos de violência psicológica contra as mulheres de forma muito mais intensa, que a relação com o ambiente perverso de relacionamentos abusivos pode ser facilmente remetida. (p. 96)

É urgente tratarmos da situação das mulheres no cárcere. Nos últimos períodos o número de mulheres presas teve um aumento expressivo. A população carcerária feminina cresceu 656% (BRASIL, 2017b) entre os anos 2000 e 2016, enquanto a masculina, no mesmo período, teve um aumento de 293% (BRASIL, 2017a). Vera Andrade (2012, p. 145) chama atenção para o aumento da vulnerabilidade das mulheres aos processos de criminalização quando passam a exercer papeis considerados masculinos no mercado de trabalho, especialmente o informal. Ocorre uma criminalização patrimonial feminina (notadamente de mulheres adultas, pobres e negras) pelos mesmos crimes que os homens são criminalizados (ANDRADE, 2012, p. 145).

Por vezes o número menor de mulheres encarceradas em comparação ao número de homens é utilizado como justificativa para a ausência de ações voltadas ao público feminino. Essa justificativa incorre em erro grave por aprofundar o processo de invisibilização a que estão submetidas as custodiadas primeiro em razão de sua própria condição de mulher, segundo por sua condição de pessoa privada de liberdade.

O debate acerca do encarceramento massivo de mulheres perpassa também pela discussão da política de Guerra às Drogas, haja vista ser a principal responsável pelo aprisionamento feminino, estando ligada a mais de 60% das incidências entre as mulheres (BRASIL, 2017b). O alinhamento do Brasil com o capitalismo internacional, estruturado no racismo e no patriarcado, tem promovido políticas proibicionista e bélicas que atingem cada vez mais os corpos femininos, o que será enfrentado nos próximos capítulos.

3. Guerra às drogas e o encarceramento feminino

A política de Guerra às Drogas adotada pelo Brasil tem implicações diretas no encarceramento em massa de mulheres nos últimos períodos (BRASIL, 2017b). Por essa razão, o presente capítulo se propõe a tratar de como esta Guerra foi construída ao longo dos anos, especialmente a partir da década de 40, e a internacionalização das políticas bélicas ligadas às drogas.

Discutiremos como a Guerra às Drogas se conformou como aparato de controle na sociedade capitalista, fomentando o genocídio do povo negro, endurecendo práticas punitivistas contra as mulheres e submetendo populações em condições de vulnerabilidade a ações violentas de guerra.

3.1. A QUEM SERVE A GUERRA ÀS DROGAS E O ENCARCERAMENTO EM MASSA?

É cediço que vivenciamos um encarceramento em massa (BORGES, 2018a) em razão da Guerra às Drogas (VALOIS, 2018a). As políticas adotadas que culminaram neste processo não são neutras, atendendo demandas específicas, o que nos impele a discutir em que termos se constituíram.

3.1.1. O SISTEMA CRIMINAL E OS CAMINHOS PARA O ENCARCERAMENTO EM MASSA

O controle dos corpos e comunidades tem ocorrido cada vez mais por meio do enclausuramento de pessoas em prisões. Vivemos um processo de encarceramento em massa (BORGES, 2018b), uma reconfiguração dos mecanismos de controle de populações vulneráveis, em especial o povo negro. A pena de prisão vem sendo utilizada cada vez mais como forma principal de sansão no sistema penal.

Narrativas de saber-poder como as de Lombroso (1898, 2007) e seu criminoso nato, ou as de Nina Rodrigues (2011), dentre outros, supostamente superadas, em verdade, são reescritas através de novos discursos disfarçados de uma neutralidade irreal para atender os ditames do mito da democracia racial (NASCIMENTO, 1978). Os fins são os mesmos, contudo, a naturalização das violências perpetradas pelo Estado para controle de grupos historicamente excluídos.

O nascimento do Estado está atrelado à necessidade de dar conta dos conflitos entre as classes antagônicas, de modo que, em princípio, representará sempre os interesses da classe mais poderosa, economicamente dominante. Nesse sentido, enquanto representante dos interesses burgueses, o Estado precisa controlar o crescimento urbano, especialmente em razão da revolução industrial, e alimentar o saco de exclusão capitalista (BARATTA, 2011, p. 189), seu exército de reservas.

Por meio do mercado de trabalho e seus mecanismos exploratórios e excludentes, sua manifestação política e econômica, o processo de marginalização se torna, também, de marginalização criminal. Nesse diapasão é que o Estado opera sempre em busca de novos meios de oprimir e explorar a classe dominada (LÊNIN, 2011, p. 44), amparado por uma série de instrumentos repressivos articulados, como exército, polícia, sistema penitenciário, leis, dentre outros (TONET, LESSA, 2011, p. 54).

O sistema punitivo, assevera Baratta (2011, p. 171), emerge enquanto história das duas nações, compotas por povos distintos: ricos e pobres. Mais que isto, entendendo como o capitalismo se apropria do racismo, estando este último intimamente relacionado com a necessidade de controle por meio da justiça criminal, é possível concluir, como sintetiza Flauzina a partir da leitura de Alexander (2018), que o sistema de justiça criminal é, em verdade, um produto do racismo e não a afirmativa contrária, que se constrói na ideia de que "o racismo é um subproduto das práticas de controle penal" (p. 12).

O sistema criminal se constrói e ressignifica ao longo da história tendo a hierarquia racial como um dos seus pilares (BORGES, 2018b, p. 40). As instituições jurídicas não se desenvolvem autonomamente, como se quer crer, elas são, antes, a expressão dos novos complexos sociais necessários à exploração do povo pela classe dominante, como o Estado e o Direito.

Estes complexos sociais constroem forte aparato ideológico de legitimação e autorização de violências, conformando o que a pesquisadora feminista Sueli Carneiro (2005) denomina de dispositivo racial. Este dispositivo representa o campo da racionalidade com relações de poder, práticas e saberes articulados, com efeitos ontológicos constituindo sujeito e o outro (CARNEIRO, 2005, p. 39). Nesse sentido o povo negro seria o outro, necessário, inclusive, enquanto oposto para reafirmar a identidade do que é tido como padrão, uma estratégia da classe burguesa hegemônica. Não é de interesse do capital integrar socialmente esses "outros", os grupos que compõem o exército de reservas, tão caros à acumulação capitalista.

A sofisticação das formas organizativas do Estado ensejou a necessidade de formas de controle dos marginalizados mais específicas. Com o suplício se mostrado inócuo enquanto ferramenta punitiva de controle, surgem mudanças do paradigma punitivo fazendo com que fosse superado como punição "oficial"[11]. Embora se buscasse também romper com o caráter tirano e despótico do suplício (BORGES, 2018b, p. 34) e seu forte elo com o absolutismo, o que se buscava era atender a necessidade de novas formas de vigilância e de controle mais abrangentes e centralizados no poder do Estado.

A reforma do direito criminal se caracteriza, portanto, muito mais enquanto estratégia do remanejamento do poder de punir (FOUCAULT, 1999) do que uma resposta humanitária aos pedidos de fim do suplício. A prisão emerge como principal pena no ocidente, se apresentando como ferramenta de higienização das ruas, segregação e controle dos corpos miseráveis produzidos pela Revolução Industrial. (BATISTA, 2012, p. 26)

Para atender as novas demandas do capital, a justiça criminal na modernidade vai se moldando em torno de discursos legitimadores da pena, que vão se modificando ao longo da história, mas têm como saldo

---

[11] Características do suplício não foram superadas e seguem fotos novas formas punitivas de forma velada. As torturas seguem presentes e perpassam por todo o corpo da justiça criminal brasileira (BORGES, 2018b, p. 35).

a conformação do aparato legalizador da violência do estado contra os cidadãos. A ideologia da defesa social desponta como principal ferramenta autorizadora do punitivismo.

Um nó teórico e político, um denominador comum entre as proposições da escola clássica e da positivista, ainda que exista divergências entre as duas escolas (BARRATA, 2011, p. 41), convergem em formulações de princípios que conformam o conteúdo da ideologia da defesa social. Esta ideologia se funda na racionalização da repressão para erradicação da criminalidade, por meio de uma punição racional científica. O conceito da defesa social se sustenta em dicotômicas como a do bem/mal e a de criminosos reprováveis de um lado, interesses da sociedade do outro. Tem em si um aspecto totalizante e universalista, que trata o programa repressivo como ahistórico, utilizando isto como elemento legitimador de suas práticas.

À defesa social, se soma a Ideologia de Segurança Nacional, que representa o direcionamento do Estado, através de um aparato militar, contra seus inimigos internos, com surgimento no advento das ditaduras militares que tomaram quase toda a América Latina a partir da década de 60. Constrói-se a ideia dos inimigos do Estado, criminosos políticos, como mecanismo de controle.

A construção criminológica das Ideologias da Defesa Social e de Segurança Nacional serviram de aparato para processos de criminalização de sujeitos vulnerabilizados, especialmente os negros no período pós escravidão. O caráter científico que as ideologias conferiram a diferentes teorias da pena, legitimaram práticas de violência e dor contra grupos específicos.

A despeito da história de dor causada pelas penas e suas teorias legitimadoras, surge o *labeling approach* (Batista, V., 2012, p.27), o rotulacionismo, no qual o paradigma etiológico se modificou para o paradigma da reação social, em que se estuda os mecanismos que fizeram a pessoa criminalizada assim ser rotulada (FLAUZINA, 2006, p. 20). A criminologia crítica nasce neste processo, apresentando outro olhar acerca dos eventos e sujeitos criminalizados, estudando a confluência entre os sistemas penais e as estruturas de poder.

Com base materialista, a criminologia crítica se apresenta como resistência e enfrentamento aos discursos e narrativas sobre pessoas criminalizadas. Aspectos ontológicos e de causas etiológicas, bem como o suposto caráter ahistórico e, portanto, determinista, das teorias, utilizados para legitimar a inferioridade e, por conseguinte, as violências e explorações de grupos vulnerabilizados pelo capitalismo, passaram a ser enfrentados.

A criminologia crítica se firma na disputa das narrativas e construções dos saberes e práticas do sistema penal, mas ainda encontra forte resistência e pouca influência. A construção histórica do sistema penal, sua função como elemento de controle e manutenção da dominação capitalista, afastam rupturas na realidade da população. Nesses termos é que o encarceramento em massa da população nos últimos períodos se viu autorizado e, até mesmo, incentivado.

A construção no seio da sociedade do direito penal como um dos elementos centrais de solução de mazelas sociais, fomentou o aprofundamento do punitivismo e do encarceramento. A ideologia da defesa social se firmou e introjetou de tal forma nos diversos segmentos da sociedade que exerce forte influência nas práticas penais (FLAUZINA, 2006, p. 18), aliada à da segurança nacional, contribuiu para construção da figura do criminoso como inimigo da sociedade.

Como parte do dispositivo racial (CARNEIRO, 2005), as narrativas se construíram em torno da ideia de que os problemas enfrentados pela população estariam intimamente ligados à criminalidade e falta de segurança, aumentando a sensação social de insegurança (SÁNCHEZ2002) e as demandas de criminalizar cada vez mais condutas e agravar penas (HASSEMER, 1994). A construção da política criminal foi se conformando nos moldes de um Direito Penal do Inimigo (JAKOBS, 2005), prevendo a neutralização dos coletivos desordeiros que ameaçam a estabilidade e a segurança pública (CARVALHO, 2013, p. 107).

O olhar acerca do criminoso enquanto inimigo o coloca em lugar de não cidadão, ou seja, mais uma vez como o outro, em contraponto ao indivíduo referência (CARNEIRO, 2005). Se conforma o estado de exceção em que para não cidadãos se reserva um estado diferenciado, uma lógica punitivista própria, com procedimentos específicos. Construído em cima de narrativas de medo e insegurança atreladas à forte influência dos discursos criminológicos da ideologia social e segurança nacional, este estado de exceção abre mão de direitos e garantias para se alcançar uma suposta segurança. Como assinala Salo de Carvalho (2010a):

> Na tensão entre a crise de segurança individual, vivenciada pela sociedade, que se vê mais como vítima em potencial, e a falência da segurança pública, apresentada pela incapacidade de os órgãos de Estado administrar minimamente os riscos, tentações autoritárias brotam com a aparência de instrumentos eficazes ao restabelecimento da lei e da ordem. No cálculo entre custos e benefícios, o sacrifício de determinados direitos e garantias fundamentais aparenta ser preço razoável a ser pago pela retomada da segurança. (p. 78)

Embora pareça surpreendente a facilidade com que se renuncia a garantias e direitos conquistados a duras penas ao longo da história, deve-se ter em conta o forte processo de não identificação da população com os inimigos do estado. A partir de um processo de coisificação do outro, se reduz tanto quanto possível qualquer empatia e identificação dos considerados cidadãos com os selecionados pela criminalização (OLIVEIRA, 2014, p. 47). O simbolismo da punição agrega uma reação de distância social, a partir dos processos estigmatizantes do outro através da pena, em "uma 'proibição de coalizão', que tende a romper a solidariedade entre a sociedade e os punidos, e aquela entre os próprios punidos" (BARATTA, 2011, p. 175).

A propagação do poder punitivo como solução para tudo, propiciando um estado de paranoia coletiva, autoriza seu exercício sem limites e com alvos que bem entende (ZAFFARONI, 2013, p. 10). No paradigma destes discursos, a população se enxerga como grande vítima em potencial, atribuindo a grupos específicos a culpa disto. Grupos estes que se desenharam a partir da marginalização criminal capitalista, do racismo e machismo patriarcal históricos e estruturais.

O capitalismo se utiliza desses discursos como forma de controle, se construindo e se retroalimentando destes processos. Aparelhos como as mídias funcionam reproduzindo estes modelos do imaginário social, com a exibição permanente de símbolos que determinam o lugar de cada um na estrutura social, apresentando frequentemente o negro neste lugar do criminoso (CARNEIRO, 2005, p. 65).

Com o fortalecimento do direito penal do inimigo, as demandas cada vez maiores por aumento de punição, prisões e dor, se naturalizam práticas punitivistas humanamente inaceitáveis. Como bem sintetiza Ferrajoli (2014):

> A história das penas é seguramente mais horrenda e infame para a humanidade que a própria história dos delitos: porque mais cruel, e talvez mais numerosa, que as violências produzidas pelos delitos foram as produzidas pelas penas; e porque enquanto o delito tende a ser uma violência ocasional, e às vezes impulsiva e necessária, a violência infligida pela pena é sempre programada, consciente, organizada por muitos contra um. Contrariamente à fantasiosa função de defesa social, não é arriscado afirmar que o conjunto das penas cominadas na história produziu ao gênero humano um custo de sangue, de vidas e de mortificações incomparavelmente superior ao produzido pela soma de todos os delitos. (p. 355)

Dentro desta construção histórica capitalista, que legitima a restrição de liberdade como punição, se situa o atual processo de encarceramento em massa, instrumentalizado através da Guerra às Drogas. De acordo com dados do Levantamento Nacional de Informações Penitenciárias (BRASIL, 2017a), em 2016 o Brasil tinha uma população carcerária de 726 mil habitantes, a terceira maior população carcerária do mundo. Conforme as informações deste levantamento, a motivação da maior parte dos aprisionamentos está ligada à política de drogas adotada no país, notadamente de Guerra.

As instituições penitenciárias não estão aptas, contudo, a recepcionar o grande número de encarcerados, o que não impede a continuidade do modelo de encarceramento em massa. Essa prática atende as demandas racistas e patriarcais do capitalismo contemporâneo, que tem nas prisões seus depósitos de detritos (DAVIS, 2003, p. 16)[12]. Em conformidade com a utilização da pena para promover dor e violência, o cárcere funciona como um "depósito estéril de corpos negros" (FLAUZINA in ALEXANDRER, 2018, p. 11).

[12] Tradução nossa.

3.1.2. GUERRA ÀS DROGAS

O uso de substâncias psicoativas (SPA's) é feito pela humanidade há milênios, sendo parte da sociedade, com usos para entorpecimento, com fins religiosos ou curativos, por exemplo (SAAD, 2013, p. 92). E, embora haja uma variação ao longo da história nas formas de uso e eventuais mecanismos de controle, apenas nos últimos 40 anos é que se configura uma política proibicionista altamente intervencionista e violenta.

Nos últimos períodos o processo de criminalização de SPA's se intensificou no Brasil, com o alinhamento das Políticas de Drogas do país ao processo transnacional de "Guerra às Drogas" dirigido, principalmente, pelos Estados Unidos. Com práticas e discursos proibicionistas a respeito do consumo e venda de algumas substâncias psicoativas, se criou uma grande rede de tráfico e repressão, com forte aparato bélico e consequências inestimáveis na vida das populações vulneráveis.

A abordagem bélica, altamente punitivista, estigmatizante e violenta desenhada por esta Guerra internacional, operacionalizada com aparato legal, tem servido de instrumento para incursões genocidas, sobretudo nos países da América Latina em que isto já ocorria (ZAFFARONI, 1991). A figura do traficante enquanto inimigo da sociedade, e, portanto, das nações, tem autorizado ações de extermínio. O Estado de bem-estar é substituído pelo Estado penal (WACQUANT, 2003). Um rastro de sangue, dor e violência vem sendo deixado, evidenciando que, antes de mais nada, se trata de uma guerra contra pessoas, em detrimento do que se declara, uma guerra contra as drogas. Drogas não manuseiam armas, não têm suas vidas dilaceradas, não são mortas, tampouco encarceradas (VALOIS, 2019a, p. 20).

O alvo oficialmente apontado para as drogas só corrobora para o distanciamento daqueles que sofrem as consequências desta Guerra, dando centralidade às substâncias, desumanizando os envolvidos, que, não raro, são os grupos minoritários em direitos. A Guerra às Drogas foi se formulando e se ajustando junto às mudanças paradigmáticas do sistema penal e as buscas por atender suas funções não declaradas.

Esta escolha de política criminal está intimamente ligada ao fato da justiça criminal se moldar enquanto produto do racismo (FLAUZINA in ALEXANDRER, 2018, p. 12). Elencou-se uma nova forma de controlar corpos oprimidos dentro do sistema capitalista, em especial os corpos negros e femininos, historicamente alvos do sistema punitivista e de controle.

A sociedade brasileira, como a estadunidense, enfrenta sequelas imensas em razão do período de escravidão da população negra. Uma série de práticas racistas se encontram autorizadas, resguardadas pelo forte domínio ideológico, que se forjou enquanto dispositivo racial (CARNEIRO, 2005). Ao longo dos séculos discursos de opressão foram naturalizados e incorporados ao sistema penal, como do negro enquanto ser inferior, com propensão à criminalidade (LOMBROSO, 2007), legitimando diversas práticas violentas contra esse grupo na sociedade.

A escravidão acabou oficialmente, mas formas de exploração escravistas se reinventaram, deixando o povo negro em posição cuja característica principal é a violência gratuita e estrutural (OLIVEIRA, RIBEIRO, 2018). O escravismo enquanto estratégia de dominação segue existindo, agora através de uma divisão racial velada que vai se sofisticando com o tempo, tendo a cor como marcador social da diferença (ALMEIDA, MELO, PIMENTEL, 2018, p. 3).

A política proibicionista se constrói dentro deste paradigma racial como um conjunto de ações de violência perpetradas contra a população negra. A Guerra às Drogas surge e ganha corpo em substituição a outras formas de controle e extermínio do povo negro, como uma narrativa central da engrenagem escravista redesenhada (BORGES, 2018b).

É possível chegar à mesma conclusão de Alexander (2018), de que a situação se assemelha ao "controle dos afro-americanos pelos sistemas de castas raciais, como a escravidão e o Jim Crow (2018)[13], que pareciam mortos, mas renascem em nova forma, adaptados às necessidades e aos limites da época" (p. 54).

Em uma sociedade de suposta democracia racial, não é socialmente aceito justificar a proibição por uma questão racial. Discursos outros são construídos com respaldo de saber científico, servindo como pano de fundo para práticas discriminativas. Inicialmente a perspectiva me-

---

13 De acordo com Angela Davis (2016), Jim Crow é o "conjunto de leis que institucionalizava a segregação racial no Sul dos Estados Unidos da América (…). (p. 99) dicalizante a respeito do uso de substâncias foi a utilizada para legitimar a repressão.

A partir da narrativa médica, que defendia que o uso recreativo de determinadas substâncias deveria sofrer controle rígido do estado em razão de supostos riscos que apresentavam à sociedade, foram construídos os primeiros movimentos proibicionistas transnacionais. Em 1912, na conferência de Haia, foram elencadas quais SPA's deveriam sofrer controle rigoroso dos estados.

O evento inaugurou a internacionalização, ainda tímida, das deliberações sobre substâncias a serem consideradas drogas, produzindo o primeiro tratado internacional que estabeleceu intervenções a serem tomadas (RODRIGUES, 2012, p. 2).

Não por coincidência, as substâncias proibidas eram aquelas atribuídas à grupos minoritários. Nos EUA a maconha era identificada com hispânicos, ópio com chineses, a cocaína com os negros e o álcool com irlandeses e italianos (RODRIGUES, 2012, p. 10). Já no Brasil a heroína era associada a cafetões e prostitutas e a maconha a negros capoeira, razão pela qual foram tratadas como problema de saúde pública.

O consumo da maconha era apontado como empecilho à modernização nos termos europeus, tão almejada no período pós abolição e início da República. O uso da maconha foi tornado ilegal a partir de produções científicas, especialmente médicas, que "apontavam como um hábito trazido pelos escravos africanos, considerados raça inferior" (SAAD, 2013, p. 7), em uma movimentação racista de criminalização do uso da droga.

Em 1919 os EUA aprovaram a Lei Seca, que foi revogada em 1933, mas deixou como legado o fortalecimento dos grupos ilegais de tráfico e o modelo proibicionista, que foi implementando no controle de outras SPA'S, como cocaína e maconha (RODRIGUES, 2012, p. 3). Nesse período, os discursos moralistas e o tipo de alcance que tinham, de caráter racista, contribuíram para que as práticas proibicionistas tivessem forte grau de aprovação da sociedade norte americana.

O consumo de psicoativos era feito por todo corpo social estadunidense, entretanto o proibicionismo era direcionado à grupos específicos. Tendo as ligas puritanas à frente da bandeira moral do uso de SPA's, sob sua influência se construiu uma política de proibição com viés sócio-racial (BOITEUX, 2006, p. 62). Os discursos eram pautados nos "perigos" da droga, atrelando seu uso a grupos étnicos considerados ameaçadores dos valores puritanos da América branca (BOITEUX, 2006, p. 63).

O Brasil, como outros países latino-americanos, sofria forte influência internacional, personificada na figura dos Estados Unidos, na construção de sua legislação a respeito das drogas (BOITEUX, 2006). Nestes termos é que, na década de 1940, acompanhando o discurso estadunidense, o país passou a contar com uma "política proibicionista sistematizada" (CARVALHO, 2010a), com sistemas punitivos autônomos.

A partir de um modelo médico-sanitário-jurídico, se desenhava uma política de drogas cuja característica principal era a de diferenciação entre vendedores e consumidores. Os últimos deveriam ser alvo de intervenções médicas para cura, seriam os viciados. Já os primeiros, seriam os traficantes, que demandavam uma intervenção jurídico penal, a partir de um olhar moralista e paternalista a respeito dos consumidores, que atribuía à figura do vendedor de SPA's proibidas o caráter de mau feitor, destruidor da moral e da saúde pública.

Com formulações genéricas e termos imprecisos, características de normas penais em branco, possibilitando a ampliação de seu significado, a lei de drogas permitia controle mais rígido e seletivo para essa diferenciação entre traficantes e usuários. Para a classe dominante estava resguardado o tratamento; para os dominados, o cárcere.

A partir de 1950 o mercado ilícito ganhou contornos transterritoriais mais expressivos. O narcotráfico emergia como negócio lucrativo. A despeito do proibicionismo, a demanda por SPA's crescia (RODRIGUES, 2012, p. 14) e, em um contexto pós-guerra, o fluxo internacional de drogas havia se tornado mais fácil, com inovações tecnológicas e de transporte.

Os Estado Unidos, por sua vez, se posicionavam cada vez mais à frente da política criminal de Guerra às Drogas, como um desdobramento de suas empreitadas imperialistas, intensificadas pelo fim da Segunda Guerra Mundial (VALOIS, 2019a) e as disputas geopolíticas que emergiram. Sob forte influência estadunidense, se padronizou e universalizou o regime transnacional do controle das drogas com a Convenção Única sobre Entorpecentes, em 1961 na ONU, ignorando as especificidades dos signatários, o que se alinha a construções de que as questões ligadas às drogas têm caráter ahistórco e abstrato, (OLMO 1984 apud CARVA-LHO 2010a, p. 14).

Em 1964 o Brasil promulgou a Convenção Única sobre Entorpecen-tes de 61, ratificando seu compromisso internacional com uma política de drogas mais repressiva. No mesmo ano ocorreu o golpe de estado que culminou na Ditadura Militar. Este momento é o marco da saída de um modelo médico-sanitário-jurídico para o bélico e violento de guerra. Com a entrada em vigor do repressivo Decreto-Lei 385/68 (BRASIL, 1968), a pena do usuário de drogas foi equiparada à do trafi-cante, sob a justificativa de que a diferenciação causava problemas no âmbito da repressão.

Na década de 70 ocorre uma guinada da Guerra às Drogas, forma-lizando o intento dos EUA em acabar com quem descreviam como seu inimigo central, nas palavras do então presidente Nixon, "o abuso de drogas" (HATZ apud VALOIS, 2019a, p. 24). O presidente afirmou ainda que "para combater esse inimigo é necessário empreender uma nova, total ofensiva" (HATZ apud VALOIS, p. 24, 2019a).

Apesar da adoção de uma política-criminal cada vez mais repressiva, o consumo interno de drogas nos Estados Unidos não diminuiu. Os estadunidenses começaram, então, a fortalecer um processo de trans-ferência de responsabilidade pelo problema para países marginais, in-tensificando a sua influência nas legislações mundiais, em especial nos países latino-americanos.

O capitalismo central norte-americano passa a ditar as regras da po-lítica genocida de drogas na América Latina e seu capitalismo periférico, incrementando o processo de transnacionalização da política de drogas. Práticas punitivistas de difícil controle e com fins específicos foram adotadas em um proibicionismo bélico, intensificando as práti-cas genocidas já características dos sistemas penais latino-americanos (Zaffaroni, 1991).

Seguindo a agenda proibicionista internacional, o Brasil editou a Lei a 5.726 (BRASIL, 1971). Nela os usuários de drogas não só permaneceram criminalizados, como a pena aumentou de um para seis anos. Em uma perspectiva de guerra e combate, o tráfico de drogas foi situado ao lado dos crimes contra a segurança nacional.

O país, tal qual os norte-americanos, adotou a figura do traficante como inimigo do estado. Para a Ditadura, os inimigos do país seriam: os políticos, os inimigos do regime; e os inimigos político-criminais, os traficantes. Se institui um "modelo repressivo militarizado centrado na lógica bélica de eliminação/neutralização de inimigos" (CARVALHO, 2010a, p. 21).

Em 1976 uma nova Lei de Tóxicos é editada (BRASIL, 1976), seguindo o processo globalizado de repressão e endurecimento no trato das drogas. A pena mínima salta de um para três anos. Novos verbos são acrescentados ao tipo penal, tornando mais condutas criminalizáveis, além da importação, exportação e venda (artigo 12 da Lei 6.368/76).

As diretrizes apresentadas na nova Lei de Drogas estavam em consonância com o fortalecimento da Ideologia da Defesa Social e a Ideologia de Segurança Nacional. Desde a década de 1960 essas ideologias vinham ganhando força nos países latino-americanos que viviam ditaduras militares, autorizando o Estado, através do aparato militar, a agir contra seus inimigos internos.

Com dicotomias próprias dessas ideologias e seus aspectos moralistas, o criminoso é tido como o indivíduo mal, a ser neutralizado, extirpado do convívio social, que representa o bem. Proposituras próprias de um Direito Penal do Inimigo legitimadoras de práticas de segregação social e criminalização de grupos específicos oriundos das periferias.

Com o fim da ditadura militar existia uma expectativa do abrandamento da política criminal do inimigo no trato das drogas. Entretanto, foi precisamente a nova Constituição Federal (BRASIL, 1988) que equiparou o tráfico de drogas aos crimes hediondos, o que ocasionou posteriormente um aumento expressivo no número de pessoas encarceradas.

A Lei dos Crimes Hediondos (Brasil, 1990), prevê restrições de garantias, além de aumentar o tempo necessário de cumprimento de pena para a transferência de regime e livramento condicional, incrementando a política criminal encarceradora. O caráter hediondo atribuído ao tráfico fez com que as prisões brasileiras tivessem um aumento substancial no número de pessoas encarceradas.

Apenas em 2006 o Supremo Tribunal Federal (STF) se posicionou declarando a inconstitucionalidade da proibição da progressão de regime, por desrespeitar o princípio da individualização da pena. Os danos oriundos da demora no posicionamento da corte, contudo, não puderam ser desfeitos.

O Estado punitivista buscava se afastar de suas práticas ligadas ao regime ditatorial, passando a utilizar a política de Lei e Ordem estadunidenses, baseado em uma nova tática autoritária, a ideologia da segurança urbana (BOITEUX, 2006, p. 155). Se conforma uma política em que o direito penal é apresentado como única solução para os problemas da criminalidade,

As construções criminológicas ao longo dos anos, tendo na Guerra às Drogas sua expressão central, calcadas na política do medo, do distanciamento social do criminoso, em especial o traficante, como inimigo do estado, dão à nova política forte apoio da sociedade. Além disso, as políticas de Lei e Ordem movimentam uma grande quantidade de dinheiro, através da *indústria do controle do crime* (BOITEUX, 2006, p.155). Nesse sentido, as mídias cumprem importante papel ao propagar o medo e os inimigos para vender a paz.

Em 1996 o Brasil dá mais um passo em direção a intensificação do proibicionismo de Guerra, lançando o *Programa de Ação Nacional Antidrogas* (PANAD), que se comprometia com a repressão do tráfico e adequação a tratados internacionais. Já em 98, o país participou da Cúpula das Américas, na qual os países do continente firmavam a "responsabilidade pelo 'combate sem tréguas ao mal'" (CARVALHO, 2010a, p. 54). Na ocasião foi feita uma projeção da erradicação do tráfico nos países americanos em um período de 10 anos (CARVALHO, 2010a, p. 54). Tendo sido criado o plano "Um Mundo Livre das Drogas" das Nações Unidas.

Dando sequência às ações de Guerra e atendendo às pressões para uma atualização da legislação penal, em 2006 foi editada a Lei 11.343/06, anova lei de drogas (BRASIL, 2006). A nova lei consubstancia o aumento da repressão ao elencar novas hipóteses típicas a respeito da comercialização e financiamento de organizações ligadas ao tráfico, além de aumentar os limites da pena.

Outro elemento importante a ser considerado da Lei 11.343/06 é a ausência de critérios de diferenciação para tipificação da conduta enquanto tráfico ou uso próprio. Fica a critério da discricionariedade dos magistrados traçar essa diferença, aumentando as possibilidades da utilização da nova lei como um dos mecanismos de perpetuação da estigmatização de pessoas de grupos específicos.

Há a ausência de diferenciação, ainda acerca das funções ocupadas no tráfico. Deste modo, "mulas", "aviõezinhos" e até "guaritas"[14] muitas vezes são consideradas e penalizadas de maneira desproporcional, como traficantes de grande risco, embora sejam funções cujos representantes são considerados descartáveis e facilmente substituíveis no comércio das substâncias ilícitas. Esse aspecto tem repercussão significativa para o aprisionamento de mulheres, o que será desenvolvido no tópico seguinte.

A Guerra às Drogas e sua conformidade na atualidade é a expressão da criminalização de uma conduta de perigo abstrato – vender drogas – visando a proteção de um bem jurídico genérico, abstrato, que deveria ser tutelado em outras esferas, se ocasionam uma série de violações de bens jurídicos que são protegidos pelo direito penal clássico. É a "Guerra às Drogas", e não a droga em si, que têm como resultado números altíssimos de mortes no Brasil.

Em 2010 no país aconteceram 35 mil homicídios por arma de fogo, número equiparável a zonas de guerra, a despeito do porte de armas ser proibido no país. No mesmo ano a taxa de homicídio chegou a 27,4 pessoas por 100 mil habitantes.

O que se vê é uma Guerra que perdura há décadas sem atingir seu fim declarado, acabar com o tráfico de substâncias entorpecentes no mundo. Um dos seus saldos é o aumento expressivo no número de pessoas encarceradas em condições subumanas, sem que isso tenha acarretado na diminuição da venda de SPA's (LOURENÇO, 2015). O processo é precisamente inverso, as drogas ilícitas estão mais disponíveis, em quantidade e preço, além de estarem mais potentes (MARONNA, 2014).

---

14 "Mula" é o termo utilizado vulgarmente para descrever pessoas que, conscientemente ou não, transportam drogas do tráfico ilícito consigo dos locais onde são produzidas para os de venda. Em algumas situações, levam em seu corpo, em orifícios, ou mesmo por meio da ingestão da droga, encapsulada ou em forma de pacotes. Aviõezinhos são aqueles(as) que fazem o transporte de pequenas quantidades de droga nas vendas de varejo. Guaritas são as pessoas que ficam na linha de frente, fazem pequenas vendas e observam a situação no entorno das "bocas de fumo" (local de venda varejista de drogas)

Em reunião em Viena em 2009, os países que haviam se comprometido com "Um Mundo Livre das Drogas", se viram forçados a admitir que a criminalização e a Guerra às Drogas não logrou êxito. Não houve diminuição do comércio nem do consumo; aumentou os indicies de violência ao produzir criminalidade subsidiária a partir do comércio de armas, corrupção de agentes estatais etc.; e aumentou os processos de vulnerabilidade dos consumidores, dependentes e moradores de áreas de risco (CARVALHO, 2010a, p. 56).

A Guerra não foi vencida. Em verdade, tem deixado corpos anônimos, invisibilizados, para trás. Entretanto, este modelo do sistema penal atinge inúmeros dos seus fins não declarados. A Guerra contra pessoas perpetrada em nome do controle das drogas atende às demandas do capitalismo e seus elementos estruturantes machistas e racistas, através da construção de mecanismos que alcançam o povo negro e conformam a clientela do sistema penal.

O sistema de justiça criminal, junto à outras leis, regras e práticas sociais conformam um dispositivo racial (CARNEIRO, 2005) que figura como uma porta de entrada para um sistema de estigma racial e marginalização permanente, representado pelo encarceramento em massa (ALEXANDER, 2018, p. 50). Nesse diapasão do sistema de justiça criminal enquanto um sistema de controle social, notadamente racial, é que o encarceramento em massa da população negra, ocasionado pela Guerra às Drogas, pode ser lido como um grande sucesso (ALEXANDER, 2018, p. 327).

Esta guerra se direciona a comunidades específicas, que seguem perseguidas. Em um contexto de capitalismo neoliberal, o sistema penal se conjuga com novas técnicas de controle, configurando bairros pobres enquanto campos de concentração (BATISTA, 2012, p. 99) de extrema marginalização. Não à toa que, além da população carcerária brasileira, dados acerca daqueles que estão sob outras formas de controle do sistema penal (sofrendo consequências de uma reincidência, cumprindo cautelares etc.) revelam sua composição racial, com pessoas negras, jovens e de baixa renda.

Michele Alexander (2018) alerta para os riscos desses novos mecanismos de controle do povo negro. De acordo com a autora, embora o sistema de castas tenha passado pela total exploração (escravidão), e, depois, para subordinação (Jim Crow), neste novo momento de marginalização (encarceramento em massa) se aponta um novo risco, o do genocídio (ALEXANDER, 2018, p. 306).

A população negra passa por um processo de apagamento, através de sua marginalização extrema, exclusão e invisibilização. Para o capital neoliberal, essas pessoas, encarceradas ou sob controle do sistema penal, têm se tornado descartáveis, sem utilidade. Representaríamos consumidores falhos, cujo modelo político-econômico neutraliza em guetos (CARVALHO, 2013).

A dimensão econômica da Guerra às Drogas não se encerra no seu papel de apagamento dos grupos marginalizados criados pelo capitalismo. A guerra se apresenta, ainda, como um produto extremamente lucrativo para o capital (ALEXANDER, 2018, p. 318). O comércio ilegal de drogas movimenta só nos EUA, aproximadamente, 63 bilhões de dólares por ano (VALOIS, 2019a, p. 28).

Os valores do tráfico, embora não declarados oficialmente, fazem parte das economias nacionais e internacionais, integrando instituições bancárias. Montantes relativos ao tráfico nos países latino-americanos passam por processo de lavagem de dinheiro em bancos norte-americanos (SEGATO, 2016, p. 77), reproduzindo o caráter explorador e de apropriação característico das relações entre estes e aqueles, de capitalismo periférico e central.

Os negócios ilícitos produzem somas exorbitantes de dinheiro. Em 1994 a Conferência da ONU sobre Crime Global Organizado estimou que o narcotráfico teve um rendimento anual maior que o das transações globais de petróleo (SEGATO, 2016, p. 76). Essa circulação de altos valores atende, portanto, à interesses do capital, interferindo na política e influenciando fortemente os governos, se conformando como mais um elemento que torna a política criminal de Guerra às Drogas propícia aos interesses do capital.

A alta lucratividade reforça, inclusive, uma das funções veladas da Guerra às Drogas, reiteradas vezes falada ao longo deste trabalho, de controle de corpos negros marginalizados. Isso porque, conforme dados das agências nacionais oficiais, bem como resultados de pesquisas, as pessoas que estão submetidas às consequências da guerra são as pobres, de guetos, campos de concentração urbanos. A população carcerária é formada, essencialmente por pessoas de baixa renda. A atividade policial e de justiça criminal é direcionada, portanto, à repressão da pobreza (VALOIS, 2019a, p. 28)

A Guerra contra Pessoas em razão da proibição das Drogas se mostra efetiva, portanto, nas suas funções não declaradas de controle dos corpos negros, higienização das ruas, marginalização social, conformando um verdadeiro apartheid social, se aproximando da barbárie (VALOIS, 2019a, p. 651). E, embora não seja dito oficialmente, um olhar simples é capaz de vislumbrar todos estes aspectos, o que denota mais uma função não declarada atendida, a de legitimar e ter a autorização da sociedade para as práticas de violência e morte perpetradas pelo estado em nome dessa Guerra.

3.2. GUERRA ÀS DROGAS E O ENCARCERAMENTO FEMININO

Atualmente contamos com uma população carcerária de 726 mil pessoas (BRASIL, 2017a). O Brasil chegou ao gritante número de 352,6 presos por grupo de 100 mil habitantes (BRASIL, 2017a). Este processo de encarceramento em massa é extremamente alarmante quando falamos da situação das mulheres. Enquanto a média do crescimento da população carcerária masculina foi de 220,20%, no período de 2000 a 2014, o aumento da feminina foi de 567,4% (BRASIL, 2017b), tendo as incidências ligadas ao tráfico de drogas como principal responsável pelas prisões (BRASIL, 2017b)[15].

Com a política de Guerra às Drogas, o tráfico de entorpecentes passou a ser o crime que mais tem gerado condenações entre homens e mulheres. Há aqui, contudo, um aumento também mais expressivo no tocante às mulheres, não só no Brasil, como em outros países da América Latina; um reflexo direto das políticas imperialistas transnacionais de guerra impostas a estes países. Na Argentina, Costa Rica e Peru, por exemplo, a maior parte da população carcerária feminina se encontra presa por conta da política criminal de drogas, representando 65%,

15 Trabalhar com números para falar de situação tão dolorosa parece nos afastar da humanização das pessoas sobre as quais falamos, como assevera Juliana Borges (2018a). Os dados são aqui trazidos para visibilizar uma situação gritante, porém, reiteradas vezes, relegada.

75% e 60% das mulheres presas em cada país, respectivamente. (BOITEUX, 2015, p. 3)

Dados acerca da população carcerária feminina trazem à tona, ainda, o caráter marcante da Guerra como sendo contra setores específicos da população. A maioria das mulheres presas no Brasil são negras jovens, de baixa escolaridade, solteiras e mães (BRASIL, 2017b).

Em Salvador o retrato das mulheres em cumprimento de pena é similar ao nacional: 86% das mulheres são negras (BRASIL, 2017b). O recorte racial se mostra ainda mais profundo quando se trata da criminalização por tráfico. Em 2014 (OLIVEIRA, PRADO, 2016), 91,6% das apenadas por essa conduta eram negras, em sua maioria jovens, oriundas de contexto de extrema vulnerabilidade econômica e de baixíssima escolaridade. Em relação aos dados nacionais, o aprisionamento de mulheres negras se acentua na Bahia (BRASIL, 217b).

Ainda que se pormenorize a situação da mulher no cárcere em razão de sua população carcerária ser inferior à masculina (BRASIL, 2017b), não se pode perder de vista o crescimento vertiginoso do encarceramento feminino dos últimos períodos.

Essa situação reinaugura a participação do público feminino na clientela da punitividade criminal. Com a saída das mulheres do campo do controle penal para formas de controle não oficiais (MENDES, 2014, p. 157) a atuação do sistema penal passou a ocorrer apenas de maneira residual, emergindo nas situações de falha das outras formas de controle (ANDRADE, 2012, p. 144). Essa ação residual, contudo, tem se alterado nos últimos anos, a partir de um deslocamento do lugar ocupado pelas mulheres na sociedade.

Como uma forte marca escravista, as mulheres negras se viram, em sua maioria, restritas aos trabalhos domésticos nas casas de famílias brancas (DAVIS, 2016, p. 98). No Brasil, a escravidão se configurou como modelo de relação social se perpetuando no pós escravidão, "as mulheres negras passaram a se adequar a uma estrutura social permeada pela divisão sexual do trabalho dentro dessa sociedade racializada." (RAMOS, 2018, p. 36)

A construção social pós escravidão, de capitalismo desenfreado, contando com o patriarcado e o racismo como seus elementos estruturantes, ocasionou a perpetuação de disparidades econômicas e sedimentação social. Os processos de marginalização e incremento da pobreza se intensificaram. As mulheres (especialmente as jovens adultas, pobres e negras) se viram relegadas à disputa para se inserir no mercado de trabalho, se estabelecendo, sobretudo, no mercado informal, com vínculos precarizados em contextos de forte exploração.

Esse novo lugar as coloca em situação de vulnerabilidade enquanto possíveis clientelas do sistema jurídico penal (ANDRADE, 2012, p. 145), ao exercerem atividades construídas enquanto masculinas, sobretudo de homens negros, e, portanto, alvo de dispositivos raciais de controle através do sistema de justiça.

Submetidas às duras consequências da feminização da pobreza e ocupando a base da pirâmide de exploração da sociedade, a mulher negra busca cada vez mais estratégias autônomas de sobrevivência (SANTOS, 2014, p. 99). Deste modo, as atividades ligadas ao tráfico de drogas se apresentam para as mulheres, em muitas situações, como enfrentamento a condições de miserabilidade e inserção no mercado de trabalho (RITA, 2007, p. 112).

As mulheres, portanto, passam a participar cada vez mais do comércio ilegal de entorpecentes, se tornando objeto do forte controle penal e do aparato da Guerra. Em situações de aprofundamento de crise econômica, política e social, as mulheres negras figuram em situação de grande vulnerabilidade. Lélia Gonzalez (1988) já afirmava:

> Dada sua posição social, que se articula com sua discriminação racial e sexual, são elas que sofrem mais brutalmente os efeitos da crise. Se pensarmos no tipo de modelo econômico adotado e no tipo de modernização que dela flui – conservadora e excludente, por seus efeitos de concentração de renda e de benefícios sociais – não é difícil concluir a situação dessas mulheres, como no caso do Brasil, no momento da crise (p. 8)

As articuladas dinâmicas racistas, sexistas e sócio econômicas de exploração cumprem papel importante na participação das mulheres no tráfico.

Além da inserção na venda de entorpecentes por questões estritamente econômicas, é possível identificar outros motivadores. Em alguns casos a participação da mulher está ligada à sua relação afetiva familiar com um homem que atua no comércio de drogas: filhos, maridos, companheiros que protagonizam a atividade ilícita.

A partir de um invólucro entre o estrutural e o pessoal, se reproduz no campo das relações privadas a submissão e a sujeição das mulheres (COSTA, 2008) características de uma sociedade estruturada no patriarcado. A sujeição do feminino ao masculino possibilita que práticas ilícitas constituam o cotidiano da mulher a partir de uma construção identitária desta com a do outro com quem se relaciona (COSTA, 2008, p. 4).

Outro elemento encarcerador é o da criminalização de usuárias enquanto traficantes (CARVALHO, J., 2017, p. 101). Esse fenômeno se dá, sobretudo, entre mulheres negras, pobres, consumidoras de substâncias estigmatizadas, notadamente o *crack* (SANTOS, 2014, p. 100), especialmente em contextos de uso abusivo ou em situação de rua (MALHEIRO, 2018, p. 242). Esses aspectos vêm sendo evidenciados em pesquisas recentes feitas entre mulheres encarceradas e usuárias de SPA's em Salvador, vide as produções de Luana Malheiro, Carla Santos e Jamile Carvalho (2018, 2014, 2017).

A estrutura patriarcal se reflete, ainda, nas funções que as mulheres costumam ocupar no tráfico. Enquanto indústria, o mercado de venda de drogas ilícitas reproduz as relações patriarcais de divisão sexual do trabalho do modelo de produção capitalista. Deste modo, às mulheres estão delegadas posições subalternas, subsidiária à dos homens, mais vulneráveis e precarizadas (BORGES, 2018b, p. 100), como *mulas*, *guaritas*, no preparo e embalo da droga e no transporte da substância para pessoas encarceradas.

É possível identificar, ainda, mulheres que figuram como líderes nas organizações, a exemplo de Maria Bonita, líder do tráfico no subúrbio (SANTOS, 2014, p. 115). Essas mulheres, contudo, são a exceção e mesmo nessas situações, algumas vezes a liderança está associada a um vácuo deixado por um companheiro preso ou morto.

A pulverização do tráfico em territórios utiliza os corpos das mulheres para funções com as de *mula* e *guarita* por serem menos visadas pelas instituições policiais (CARVALHO, 2017, p. 32). Entretanto, o aumento da violência, tanto por parte da repressão policial, como em razão das disputas entre territórios rivais, vem rompendo a invisibilidade dessas mulheres, submetendo-as a duras consequências da Guerra, fazendo com que os corpos femininos figurem como territórios de guerra (SEGATO, 2016).

As *mulas* acabam sofrendo condenações duras em razão da quantidade de droga, equiparando suas penas às de grandes traficantes, a despeito de seu lugar inferior na hierarquia do tráfico (OLIVEIRA, PRADO, 2016). As *guaritas*, por seu turno, ficam totalmente expostas, sendo reconhecidas tanto pela força policial, quanto por grupos distintos que disputam os pontos de venda (MALHEIRO, 2018, p. 104).

Como trabalhadora responsável por avisar a chegada da polícia, a eliminação da *guarita* se apresenta como uma ação estratégica em uma perspectiva de guerra. A antropóloga Luana Malheiro em sua etnografia (2018) elenca uma série de homicídios de mulheres *guaritas* nos últimos períodos em Salvador. Em que pese seja um posto marcado pela morte, a autora descreve a impossibilidade de recusar a função imposta pelo tráfico, como se constata no relato de uma das entrevistadas: "o pior é que as guaritas não têm apoio, e quando você é chamada pelo tráfico não pode recusar" (MALHEIRO, 2018, p. 98).

O trabalho de preparo e embalo da droga, por sua vez, está conectado com o papel social atribuído às mulheres na sociedade (Cortina, 2015), representando função inferior na logística de produção e venda da substância.

As incidências em razão do transporte de droga feito por mulheres para homens no cárcere têm suas motivações categorizadas em 3 grupos pela socióloga Jamile Carvalho (2017). As primeiras transportam "por amor", atendendo a demanda de seus companheiros para utilizar a substância no pagamento de dívidas; as segundas têm no transporte uma forma de subsistência; e as terceiras são as que foram obrigadas a transportar a droga por seus parceiros terceiros, dentro ou fora da prisão, em troca da preservação de suas vidas, da dos familiares ou do companheiro preso (CARVALHO, 2017, p. 101).

A respeito desta forma de incidência do tráfico, é preciso falar de mais uma das violências a que são submetidas as mulheres no contexto da Guerra: as revistas vexatórias. Sob o argumento da necessidade de evitar que objetos proibidos adentrem o cárcere, se institucionaliza o estupro de jovens mulheres, que veem sua dignidade sexual diretamente ofendida pelo Estado (FILHO, 2015).

A justificativa apresentada para a violência é falaciosa. Dos celulares e entorpecentes apreendidos, apenas 3,66% e 8%, respectivamente, foram após as revistas de visitantes (BORGES, 2018b, p.98). A revista vexatória, portanto, se consubstancia muito mais como uma prática de violência sexual e humilhação do que efetivamente como de segurança no cárcere. Outrossim, por uma ausência de recursos do Estado, não podem as mulheres visitantes pagar com a violação dos seus corpos.

A naturalização dessa prática de estupro se encerra nos mesmos dispositivos raciais e patriarcais que autorizam violação contra as mulheres, sobretudo as negras. Nas trincheiras da Guerra nas ruas de Salvador, usuárias entrevistadas pela antropóloga Luana Malheiro relataram diversas situações de estupro (2018, p. 226). Os agressores se intercalam entre policiais e traficantes, em estupros marcados por narrativas de humilhação (MALHEIRO, 2018, p. 226), unificando "rivais" da guerra na categoria de agressores quando se trata de violência contra as mulheres.

As diferentes formas de violência sexual ligadas à Guerra às Drogas reiteram seu caráter sexista, misógino e violento, perpetuando o controle das mulheres através dos seus corpos, reforçando a punição sexual, sobretudo de mulheres negras. É dizer, as práticas de opressão e dominação autorizadas contra mulheres e pessoas negras se reescrevem nesses contextos.

As posições majoritárias das mulheres na estrutura do tráfico, em funções de pouco prestígio e facilmente substituíveis, reforçam a descartabilidade e invisibilidade a que historicamente são submetidas. O aumento expressivo do aprisionamento feminino sequer impacta a dinâmica do tráfico (BOITEUX, 2015, p. 4). Ainda assim, as mulheres seguem sofrendo as duras consequências da Guerra racista e sexista.

Os terríveis efeitos colaterais da política de drogas ultrapassam a vida das mulheres, alcançando toda sua estrutura familiar. Isso se agrava tendo em vista que as mulheres negras, em sua maioria, são as grandes responsáveis pelo sustento de suas famílias.

Em 1984 Lélia Gonzalez (p. 231) já denunciava a situação ao falar da perseguição policial sistemática aos homens negros (companheiros, filhos ou irmãos das mulheres negras), o que se intensificou com a política genocida de Guerra às Drogas. Ao encarcerarem as mulheres, suas crias, crianças e adolescentes, passam para os cuidados de outras mulheres da família (avós, irmãs ou filhas mais velhas), dando continuidade ao que a socióloga Jamile Carvalho (2017) descreve como linha matrilinear do cuidado nas famílias negras e empobrecidas (p.68).

Isso intensifica, ainda, as situações de abandono afetivo infringidas às mulheres presas. A função de cuidados que era cumprida pela mulher encarcerada acaba sendo absorvida por um membro da família, usualmente as avós, já responsáveis por outras pessoas, o que dificulta sua ida para visitação (CARVALHO, J., 2017, p. 72).

O abandono afetivo experimentado pelas mulheres no cárcere tem, ainda, outros contornos. Algumas prisões possuem regras que representam um elemento de dificuldade para visitação. A pesquisadora Carla Santos (2014) aponta como no Conjunto Penal de Salvador a regra que limita a visita de familiares a relações de primeiro grau de consanguinidade incrementa o abandono das mulheres. De acordo com Santos (2014, p. 179) "no caso das famílias, a ancestralidade incorpora vínculos de afeto não necessariamente dispostos na consanguinidade. O caráter distintivo das famílias negras é a liderança de suas mulheres de duas ou mais gerações". A limitação do conjunto invisibiliza, portanto, as possibilidades de relações familiares das mulheres negras.

Aquelas que viviam relações afetivas com homens, por vezes, são abandonadas por eles. Em salvador a socióloga Jamile (2017) encontrou como elementos deste abandono questões econômicas, impossibilidade de adentrar o conjunto penal, a substituição da relação afetiva com a mulher presa por outra e, ainda, a ausência enquanto punição dos familiares para essas mulheres (p. 72).

A proibição da entrada no conjunto em razão do indivíduo contar com antecedentes criminais (CARVALHO, 2017, p. 72) é uma grave violação de direitos, tanto da mulher encarcerada como de seu companheiro. A determinação impossibilita a vivência da relação afetiva por parte de ambos, submetendo o homem a nova pena, fazendo com que siga sendo punido por crime que já cumpriu pena. Ademias disto, as internas veem seus direitos sexuais e de afetividade cerceados.

No Conjunto Penal de Salvador há, ainda, regra que restringe a possibilidade de visitação de parceiro afetivo "à normatividade jurídica do casamento ou de uniões estáveis heterossexuais, comprovadas por meio exclusivo de documento idôneo" (SANTOS, 2014, p. 179). Esta restrição reduz ainda mais as possibilidades de visitação das mulheres, haja vista que muitas delas vivem relações afetivas que não estão abarcadas pela burocracia estatal.

Pouquíssimas mulheres recebem visitas intimas, o que representa uma violação dos direitos sexuais das mulheres (RITA, 2007, p. 119). Há uma disparidade entre a visitação intima da população carcerária feminina e da masculina. Para aquela, esse tipo de visita chega a ser considerada "regalia" (CHESKY, 2014, p. 46). Outras vivências de abandono que não afetivas também são impostas a essas mulheres. A pesquisadora Carla Santos (2014) aponta a ausência de defensores públicos e advogados particulares para o atendimento das encarceradas, um grave atentado aos seus direitos, como o de defesa.

As mulheres são submetidas, ainda, a uma série de outras violências particulares ao cárcere, como descrito no capítulo anterior. Ainda assim, e a despeito do vertiginoso aumento da população carcerária feminina, há um déficit de políticas que atendam às suas especificidades. Não se quer dizer com isso, contudo, que devam ser tomadas ações que, sob a justificativa de atender demandas das mulheres, reproduzam práticas sexistas de papeis sociais e outras formas de opressão.

Reiteradas vezes os trabalhos disponibilizados para a população carcerária feminina têm relação com o papel social da mulher no âmbito privado, como atividades domésticas ou de cuidados. Isto reproduz uma prática de controle patriarcal, restringindo, por exemplo, possibilidades de autonomia através do aprendizado de uma nova profissão ou atividade (CHESKY, 2014, p. 49). Tal qual ocorreu em uma unidade prisional na Austrália, em que, sob a justificativa de atender às particularidades das mulheres, as atividades oferecidas estavam restritas a práticas consideradas femininas, além de terem recorte racista, especificando as ações para cada grupo étnico (RUSSEL, 2013).

O que se vê é que as mulheres encarceradas são submetidas a situações escancaradamente desumanas. O tratamento a elas ofertado se expressa em um emaranhado de ações violentas, incrementadas com aspectos de cunho moral. A mulher considerada criminosa é submetida a um duplo processo de criminalização: o primeiro pelo crime em si, tipificado por lei; o segundo por infringir o papel social de gênero que lhe foi atribuído (CHESKY, 2014, p. 49).

As Regras de Bangkok, definidas em Assembleia Geral da ONU em 2010, contendo diretrizes para o tratamento de mulheres presas e medidas não privativas de liberdade para mulheres infratoras, apenas em 2016 foram publicadas em português em uma parceria do CNJ, ITTC e Pastoral Carcerária, o que denota o descompromisso do estado brasileiro com o que o próprio presidente do CNJ e STF à época da publicação, Ricardo Lewandowski, considerou como "o principal marco normativo internacional" (ONU, 2016).

Ao falarmos de mulheres encarceradas por tráfico, se atrela a esse processo de criminalização mais um elemento, o estigma do traficante, que, no contexto da Guerra, representa um importante inimigo da sociedade. A mulher presa por tráfico, portanto, enfrenta três níveis de sentenciamento: o primeiro ligado ao cometimento do crime e às consequências do aprisionamento; o segundo ligado às relações de opressão de homens e mulheres e a ruptura do papel social; o terceiro pelas discriminações próprias àqueles que estão inseridos no tráfico de drogas (GIACOMELLO, 2013, p. 12-13).

A política de Guerra às Drogas através de um de seus resultados, o encarceramento em massa, intensifica as formas de violência contra as mulheres, sobretudo as negras. Compreendendo se tratar de uma guerra patriarcal, machista e racista, podemos concluir que estas violações figuram como um dos sucessos desta Guerra, representando mais uma de suas funções não declaradas.

As guerras próprias do capitalismo do século XX, que incrementaram suas crises cíclicas (ANDRADE, 2012, p. 27), ganham novo contorno na atualidade, se repaginando e se reinventando na manutenção da exploração e da dominação do capital racista e patriarcal. A Guerra se feminizou, perpassando pelos corpos das mulheres, que figuram nas disputas e são marcados através da violência como territórios, o que as leva a morte (SEGATO, 2016).

As mulheres negras, em uma sociedade estruturada no patriarcado e no racismo, já são submetidas a uma série de violências e formas de morte[16]. Sueli Carneiro leciona que:

[16] Em 2016 a rede de mulheres negras de salvador lançou o manifesto "Parem de nos Matar", com o propósito de denunciar e enfrentar as diferentes situações de violência perpetradas contra as mulheres negras na Bahia. No documento foram listadas 11 causas distintas que matam as mulheres negras, desde questões

> A racialidade no Brasil determina que o processo saúde-doença-morte apresente características distintas para cada um dos seus vetores. Assim, branquitude e negritude detêm condicionantes diferenciados quanto ao viver e o morrer. Foucault, ao inscrever o racismo no âmbito do biopoder, esclarece-nos que este, enquanto tecnologia de poder voltada para a preservação da vida de uns e de abandono de outros à exposição da morte, presta-se à determinação sobre o deixar morrer e o deixar viver. Com a máxima do "deixar viver, e deixar morrer" como expressão do biopoder, Foucault delimita a função do racismo que integra o biopoder como elemento legitimador do direito de matar, intrínseco ao poder soberano, que no contexto das sociedades disciplinares será exercido pelo Estado, por ação ou omissão. (p. 76)

No contexto da Guerra isso se intensifica, tornando-as as principais vítimas do projeto genocida tomado por parte do Estado Brasileiro (LUANA, 2018, p. 248). Este processo se inscreve na necropolítica apontada por Achille Mbembe (2015). O sistema criminal e seu aparato de Guerra às Drogas determina a morte de inúmeras mulheres negras. Juliana Borges (2018b) assevera que:

> A narrativa de "guerra às drogas" é o pretexto de uma ação ideológica articulada com o intuito de militarizar e atender a especulação imobiliária de territórios e exterminar subjetividades e vidas, já que não se "guerreia" contra substâncias. É uma guerra que ocorre cotidianamente em diversos territórios negros e periféricos e atua apenas na ponta da economia das drogas

Para enfrentar essa política de morte, esse projeto genocida, as frentes precisam caminhar em conjunto. O enfrentamento do encarceramento em massa, necessariamente, é um enfrentamento da Guerra às Drogas, do punitivismo proibicionista, e que deverá ser feminista, antirracista e anticapitalista, sob pena de não romper com as práticas mortais que vêm sendo produzidas nos países latino-americanos.

---

ligadas à precarização da saúde à diferentes formas de violência. Disponível em: <http://casamatria.blogspot.com/2016/08/parem-de-nos-matar.html> acesso em: 05 fev 2018

4.
Sentenças de mulheres condenadas pela prática de tráfico de drogas em Salvador

Debruçar nosso olhar sobre as sentenças condenatórias de mulheres em cumprimento de pena no Conjunto Penal Feminino de Salvador em razão de condenações por tráfico nos permite uma aproximação dos desdobramentos da Política de Guerra às Drogas na atividade de Magistradas/os na ocasião de condenações penais. Que papel juízas e juízes cumprem nesta Guerra?

Para entender um pouco das consequências que esta política de drogas tem nas atividades da magistratura, foram analisadas 6 (seis) sentenças condenatórias.

4.1. METODOLOGIA

A metodologia utilizada para análise dos dados está em consonância com tudo quanto já apresentado ao longo deste trabalho. O método materialista dialético histórico, descrito na apresentação, nos permitiu uma análise crítica e histórica das questões ligadas à Política de Guerra às Drogas.

A análise dos dados foi instrumentalizada pela teorização fundamentada nos dados (GLASER, STRAUSS, 1967 apud CAPPI, 2014). Nos parece adequado a utilização desta teoria, tendo em vista que a análise das sentenças não se deu a partir de categorias previamente levantadas. As categorias de análise foram construídas a partir do estudo das sentenças, de forma, principalmente, indutiva. Não é possível afirmar que a construção foi totalmente indutiva, visto que, como já tratado em outros momentos deste trabalho, o olhar da pesquisadora não se propõe à falácia da neutralidade, estando, em verdade, permeado por estudos teóricos, mais precisamente os críticos.

A hipótese deste trabalho, portanto, não se apresentou como algo fechado. Em verdade foi se construindo a partir da leitura e análise crítica das sentenças. Ao passo que, na medida em que elementos de interesse se apresentavam, era feito o levantamento teórico a respeito do assunto, o que, por sua vez, trazia aspectos interessantes a serem observados nas sentenças.

O campo de análise escolhido foi o do Conjunto Penal Feminino de Salvador (CPFS), situado no Complexo Penitenciário de Mata Escura. O local, atualmente, é o único estabelecimento de cumprimento de pena para mulheres em Salvador e um dos poucos da Bahia. Por essa razão, abriga não só mulheres condenadas na capital baiana, como também oriundas de outras cidades que não contam com estabelecimento apropriado.

A análise das mulheres encarceradas no local nos levou ao recorte das que cumpriam pena em regime fechado. Isso porque o número de mulheres condenadas a regimes mais brandos em cumprimento no conjunto é limitado. Não só tem papel importante nisto a Súmula Vinculante 56 do STF, que prevê que na ausência de estabelecimento penal adequado não está autorizada a manutenção da condenada em regime prisional mais gravoso, como também as ações da então diretora da unidade, Luz Marina. Conforme se desprendeu do trabalho em campo, a diretora já peticionava informando a limitação da unidade desde 2014, anterior à súmula, portanto, ao passo que o juiz da Vara de Execuções convertia as prisões em domiciliares (OLIVEIRA, 2014). Por essa razão, o estudo se debruçou sobre as sentenças em regime fechado.

As sentenciadas estudadas foram as condenadas por condutas ligadas à Lei de Drogas (BRASIL, 2006). Essa escolha se deu em razão do papel central da atual política de drogas no aumento expressivo do encarceramento de mulheres. Com o intuito de observar o papel desta política na atuação de magistradas/os, restringimos a análise a sentenças cujas condenações foram estritamente a este respeito, sem outros crimes.

As condenações levantadas foram as em 1º grau, sem atividade investigativa prévia. Este elemento da atividade investigativa surgiu a partir da análise inicial de todas as sentenças condenatórias nos moldes da Lei de

Drogas. Observamos que nas condenações em que houve investigação prévia os magistrados se pautavam fortemente nos elementos probatórios pré-constituídos para fundamentar suas decisões.

Nas situações em que não ocorreu investigação, por sua vez, notamos um vácuo no lastro probatório e as mais diversas "ginásticas" processuais para pautar a condenação, deixando um rastro marcante de violação de direitos, princípios e garantias processuais. A ausência de investigação prévia emergiu nas nossas análises como indicativo do importante papel que o policial cumpre na persecução penal. Nos interessou aprofundar o olhar acerca deste agente da segurança pública, enquanto braço armado do estado, no processo de criminalização secundária na Guerra às Drogas.

Outro recorte construído para o estudo foi o de que fossem sentenças em coautoria entre homens e mulheres, com o intuito de analisar o comportamento das magistradas/os em suas decisões. Observar se em uma mesma sentença existiriam elementos que distinguem o tratamento conferido a homens e mulheres no momento da condenação.

O ponto de partida do levantamento de dados foram as listas de mulheres em cumprimento de pena no CPFS, fornecida pelo próprio conjunto, em que constam, dentre outras informações, os nomes das custodiadas e os crimes que levaram ao seu encarceramento. A partir daí foi efetuada a busca das sentenças condenatórias e dos prontuários com informações socioeconômicas das mulheres cujas sentenças seriam estudadas. Isso se deu em dois momentos: em junho de 2017 e em julho de 2018, com a tentativa de se estabelecer um prazo viável para se ter em conta novas sentenças, tendo em vista que a rotatividade das custodiadas costuma ocorrer em maior escala entre as mulheres que ainda não foram sentenciadas.

No primeiro levantamento, em junho de 2017, feito pelo NESP, 114 mulheres estavam custodiadas no CPFS, cerca de metade delas em razão da política criminal de drogas. As presas provisórias representavam 65% da população carcerária do local, dentre as quais 46% enfrentavam acusações ligadas à Lei de Drogas. Entre as sentenciadas, 8 mulheres estavam em regime semiaberto, 62.5% por conta de condenação nos moldes da Lei de Droga, já entre as 31 sentenciadas cumprindo pena em regime fechado, as incidências ligadas ao tráfico representavam 51.6% das condenações.

No segundo levantamento, em julho de 2018, feito por Bruna e Rayna, estudantes da graduação, que estavam produzindo o PIBIC (a primeira tendo a mim como tutora), o CPFS contava com 96 mulheres custodiadas, 43.7% delas por condutas ligadas à Lei de Drogas. As internas provisórias representavam 47% da população do conjunto. Dentre as sentenciadas, 43 cumpriam regime fechado e 7 regime semiaberto, a Lei de Drogas foi a responsável pelo sentenciamento de 45.5% e 85.7% delas, respectivamente.

Esses dados estão inscritos nos dados nacionais, em que a maior parte da motivação do encarceramento feminino está ligada à Política Criminal de Guerra às Drogas (BRASIL, 2017b).

Em 2017 foram levantados documentos relativos à 14 custodiadas em regime fechado por tráfico. No levantamento de 2018 10 delas já não estavam no conjunto, tendo surgido 8 novos casos cujos documentos se somaram aos demais para análise. Essas 22 mulheres representam o universo das internas em regime fechado condenadas apenas por crimes previstos na Lei de Drogas. Deste grupo, dois casos tiveram de ser descartados, em razão da indisponibilidade das sentenças condenatórias das internas.

Deste universo de 20 casos, constatamos que 11 condenações foram em coautoria. Atendendo os parâmetros escolhidos para a pesquisa, estes casos foram reduzidos a 6, representando as condenações cujo corréu era um homem, bem como as situações em que não ocorreu investigação prévia.

Da análise dos prontuários, das sentenças e, ocasionalmente, dos autos algumas conclusões foram possíveis. As 6 sentenças são de 5 comarcas distintas, proferidas por magistradas/os diversas. Entre as 6 sentenciadas, apenas uma é natural de Salvador e residia na cidade no momento do flagrante. As demais não viviam na capital baiana. Quatro delas têm condenação de outras comarcas, mas tiveram o cumprimento da sentença designado para Salvador, cuja razão não foi possível depreender com os documentos disponíveis. O mais provável é que a execução das penas destas mulheres esteja ocorrendo no CPFS em razão da insuficiência de estabelecimentos adequados para custodiar mulheres no estado.

Na Bahia existem apenas 7 unidades mistas, que abrigam homens e mulheres, e apenas um estabelecimento voltado exclusivamente para o público feminino, situado em Salvador (BRASIL, 2014).

A respeito de aspectos socioeconômicos, dentre as 6 mulheres estudadas, apenas uma é branca, as demais são negras. Elas são jovens, todas com menos de 40 anos, e de baixa escolaridade, a única que chegou ao segundo grau não o completou. Além disso, são mulheres que se encontravam desempregadas ou que ocupavam funções no mercado de trabalho usualmente de baixa remuneração que, não raro, são de vínculos empregatícios fragilizados, como lavradora e serviços gerais.

Estes elementos são de grande importância para que possamos analisar criticamente as condenações tendo em vista os substratos de onde são retiradas as mulheres encarceradas, que são as principais atingidas da Guerra às Drogas. Foi possível verificar que estamos diante do mesmo perfil de mulheres custodiadas nacionalmente em razão da política de drogas, um público jovem, de negras, com baixa escolaridade e vulnerabilidade socioeconômica. (BRASIL, 2017b)

No tocante às suas relações afetivas, três delas estariam solteiras e as outras três viviam em união estável. É possível que estes dados não estejam totalmente corretos, tendo em vista que foi observado em prontuários a definição do estado civil de mulheres como solteiras, mas nos autos é possível encontrar informações de que a interna vivia em união estável, o que levantou insegurança acerca da veracidade deste dado. Quatro delas possuem filhos, a maioria mais de um.

No tocante às questões do momento do flagrante e as processuais, em pelo menos 4 casos foi possível concluir que a atividade policial foi deflagrada a partir de denúncia anônima. Das seis rés, cinco eram primárias. Em todos os casos os policiais da apreensão figuraram como testemunhas de acusação; em alguns casos, foram as únicas testemunhas de todo o processo. Em todas as sentenças analisadas esses testemunhos foram considerados pelas magistradas/os como prova crucial para convicção e condenação.

Estes elementos serão retomados na análise das categorias construídas a partir das sentenças. Tais aspectos são de extrema relevância, posto que ilustram de forma explícita elementos da relação entre as forças policiais e o judiciário na Guerra às Drogas.

As quantidades de drogas apreendidas, por sua vez, excetuando um dos casos, podem ser separadas em dois grupos principais. O primeiro grupo seria formado por apreensões de até 1kg de substância e o segundo com quantidades superiores à 37 kg de droga, chegando à 350kg. As substâncias apreendidas variaram entre maconha, *crack* e cocaína, tendo a primeira aparecido mais vezes que as demais.

A análise da quantidade de drogas apreendidas mostrou-se necessária por reverberar em uma série de reflexões. A grande quantidade de substância apreendida, necessariamente, revelaria grau de importância do sujeito no processo de produção/distribuição e venda da droga? Por sua vez, ao tratarmos de pequenas quantidades uma das indagações que se apresenta é a de quais elementos fazem com que as condenações se deem nos termos do artigo 33, de tráfico, e não no artigo 28, como usuária, ambos da Lei de Drogas (BRASIL, 2006). Já o levantamento das substâncias apreendidas nos pareceu importante em razão das diferenciações que as magistradas/os fazem quanto à letalidade e aspectos morais que atrelam às diferentes drogas.

Outro dado relevante é o de que em metade dos casos a prisão em flagrante se deu no local de moradia das rés e em todas essas situações as condenadas tinham algum tipo de relação afetiva com o corréu. Nos casos estudados, mais de 66% das rés tinham relação afetiva/familiar com o também condenado.

A partir destes dados e de outros elementos analisados nas sentenças e prontuários foram criadas categorias de análise das sentenças, que serão exploradas a seguir.

4.2. ANÁLISE DAS CATEGORIAS QUE EMERGIRAM A PARTIR DO ESTUDO DAS SENTENÇAS

Do estudo das sentenças se depreenderam algumas reflexões, que foram separadas em categorias de análise. A divisão em categorias se deu para facilitar a leitura e a percepção dos aspectos com maior precisão e, embora separadas, elas se comunicam, por vezes se complementando.

4.2.1. ATIVIDADE POLICIAL

A atividade de controle exercida pelas polícias, braço armado do Estado e representante dos interesses, têm repercussão direta nos processos de criminalização de grupos específicos. Na Guerra às Drogas, o processo de criminalização secundária (ZAFFARONI, 2003), não raro, tem início com a ação de policiais militares, cuja atuação principal ocorre nas ruas.

A. AUSÊNCIA DE INVESTIGAÇÃO PRÉVIA

Como já falado ao longo do trabalho, em todos os casos estudados não ocorreu atividade policial investigativa anterior ao momento da prisão em flagrante. As descrições das sentenças nos permitem concluir, ainda, que também não ocorreram investigações posteriores ao fato. É dizer, a atividade policial se restringiu, majoritariamente, à perícia da droga, ao interrogatório da acusada e do acusado e à eventual oitiva de testemunhas.

O Ministério Público (MP) tampouco empreendeu novas ações de investigação para consubstanciar suas denúncias, fundando-as no restrito lastro probatório dos inquéritos policiais, o que não se coaduna com a gravidade que uma persecução penal representa, agravada em uma posterior condenação criminal, especialmente as ligadas à Lei de Drogas e suas duras penas. Um dos magistrados (caso 4), na fundamentação de sua decisão, critica a prática ao dizer "mais uma vez, trata-se de **um inquérito pobre em investigações anteriores** e posteriores ao instante congelado da localização e apreensão das drogas, e igualmente pobre em registros visuais (…) da cena do crime." (grifo nosso). A constatação, contudo, não impediu o juiz de condenar os corréus.

É cediço que as ações das agências oficiais de controle não dão conta de apurar tudo o quanto é considerado fato criminalizado, tornando-se responsável pelo que Foucault (1999) sinaliza como "controle diferencial das ilegalidades" (p. 234), alcançando grupos específicos para suas ações, com alto grau de discricionariedade para o agente policial que dá início à criminalização secundária. O juiz de execuções e pesquisador Luis C. Valois (2019a), denuncia que os autos de flagrantes indicam que as prisões, quase em sua totalidade, são baseadas estritamente nos testemunhos policiais, cuja ação que levou à prisão, não raro, está repleta de ilegalidades (p. 27). Estes autos, como relatado, culminam no processo criminal e, não raro, conformam o principal lastro probatório.

B. ABORDAGEM POLICIAL

Em 4 casos a ação policial teve início a partir de denúncia anônima. Em uma das outras situações a ação teve início a partir do flagrante de outra pessoa em crime diverso (caso 3). Já no tocante a outra ré (caso 5), não foi possível identificar a partir dos autos o que motivou a ação policial, podendo ter sido uma abordagem habitualmente realizada pela polícia rodoviária em ônibus.

Não há qualquer menção nos documentos analisados acerca da existência de mandados de busca e apreensão. A maioria das sentenças se limita a informar que a abordagem policial teve início a partir de denúncia anônima. Ocorre que as prisões se deram majoritariamente nas residências, em situações em que não estavam se sucedendo quaisquer atividades de venda ou que parecessem suspeitas. Isto nos chama a atenção tendo em vista que, embora outras condutas, como "ter em depósito", sejam criminalizadas, a polícia adentrou nas residências calcada a partir de denúncia anônima.

Não é possível depreender dos documentos analisados se as ações policiais contaram com mandados de busca e apreensão ou foram invasões de domicílios. Nos chama a atenção em uma das decisões (caso 1) a descrição da magistrada a respeito da abordagem policial:

> [...] um grupo de policiais **se deslocou** para o local onde residiam os denunciado (sic), **e constatou**, em poder destes 32 pedras de droga conhecida como 'crack' e uma trouxa de contendo 32g de 'maconha (sic) [...] Após os policiais **foram conduzidos até a casa da genitora** da segunda denunciada [...] onde os denunciados também armazenavam drogas [...]. (grifos nossos)

Não só a juíza não se debruça sobre como a polícia fez para constatar a presença de drogas na residência dos corréus, como afirmou que os policiais chegaram ao segundo local de armazenagem de drogas ao serem "conduzidos". Nos parece pouquíssimo provável que, em um contexto de Guerra às Drogas, os corréus tenham feito a condução dos policiais ao local de forma espontânea.

É cediço que, sob a justificativa do combate às drogas, uma série de violações policiais tomam corpo. Com a anuência do judiciário são feitas incursões nas residências sem autorização judicial, ou a partir de mandados coletivos genéricos, verdadeiras invasões de domicílio (FERNANDES, FERNANDEZ, OLIVEIRA, 2019, p. 9), detenções, que são prisões ilegais feitas pela polícia por horas ou dias, conhecidas como passeio de camburão (VALOIS, 2019a, p. 373), revistas pessoais violentas e humilhantes e, ainda, outras formas de tortura.

O povo negro vem sendo submetido a uma série de abordagens ilegais, como assevera Vilma Reis (2001) ao falar das vivências nos bairros populares de Salvador:

> [...] lugares ostensivamente criminalizados e onde constantemente ocorrem **invasões violentas da polícia**, *blitz* nos ônibus, *baculejos* em festas, tortura de jovens, **invasões domiciliares sem mandato, prisões ilegais** e outros constrangimentos de familiares, humilhações públicas e mortes." (p. 230) (grifos nossos)

As invasões de residências têm desdobramento importante na vida das mulheres. É comum encontrar presas cuja conduta foi tipificada como associação ao tráfico em razão de operações policiais que tinham como objeto seus companheiros ou outros familiares e que, ao invadir suas casas em busca deles, as consideraram como traficantes (BORGES, 2018b, p. 100), o que guarda intima relação com a criminalização por coabitação, que será trabalhada no tópico seguinte, a criminalização das "laranjas." (CARVALHO, 2017)

O papel que o policial exerce na Guerra às Drogas é, portanto, de grande relevância. Esse servidor público figura como o soldado na linha de frente da guerra, com elevado e perigoso grau de discricionariedade (VALOIS, 2019a, p. 28). Com frequência o policial exerce esse poder de criminalização de maneira estigmatizante, determinando se a pessoa abordada é ou não traficante, o que é um fator de suma importância, tendo em vista a diferença gritante entre as penas para o usuário e para aquele que é considerado como vendedor de droga ilícita.

4.2.2. CRIMINALIZAÇÃO POR COABITAÇÃO

Em 3 dos 6 casos estudados é possível depreender que a coabitação com os corréus foi elemento fundamental para criminalização das mulheres, não só como incursas no tipo penal do artigo 33 da Lei de Drogas, como também no artigo 35. A coabitação, portanto, também as criminaliza no tipo de associação para o tráfico.

Em uma das condenações (caso 1) a magistrada afirma no relatório que "**ficou constatado** que os denunciados associaram-se para praticar a comercialização de drogas (compra, armazenagem e venda), repartindo os lucros entre si, **já que conviviam no mesmo ambiente**". (grifos nosso). Na decisão a juíza segue afirmando:

> [...] No tocante ao crime do art. 35, 'caput', ambos da Lei nº 11.343/06, a denúncia é procedente haja vista que na residência moravam os denunciados onde foram encontrados e apreendidos entorpecentes, donde se mostra inegável que os citados moradores participavam da atividade ilícita, o que evidencia a associação deles para o sucesso da conduta principal, o tráfico de drogas. (...) A autoria dessa conduta típica, guardar os entorpecentes para a prática do tráfico, é de repisar aqui o já salientado quanto ao crime de associação para tal delito, isso porque os moradores da residência, à toda evidência, participavam efetivamente do comércio ilícito [...]. (grifos nossos)

É nítida a convicção que a magistrada tem de que a coabitação, necessariamente, implica a prática do crime pelos corréus. Em nenhum outro momento da sentença é possível identificar qualquer descrição que individualize a participação de cada corréu nos crimes ligados à Lei de Drogas. A única coisa descrita pela magistrada para criminalizar a conduta se restringe à coabitação, se apresentando como elemento crucial para seu convencimento da materialidade do fato, uma nítida criminalização em razão da relação afetiva entre a ré e o réu.

Em outra condenação (caso 4) o magistrado também criminaliza a coabitação em situação em que a droga foi encontrada depositada na residência da ré, mas cuja posse foi atribuída a seu irmão. Em nenhum momento da sentença, contudo, é possível identificar elemento probatório que indique que a acusada tinha conhecimento do armazenamento.

Ao contrário, o próprio corréu afirma que havia recebido uma bolsa contendo as drogas sem fazer qualquer menção a sua irmã.

O magistrado, contudo, criminaliza a ré, fundamentado na "lógica de que os pertences que estão dentro da casa lá permanecem com o conhecimento e consentimento de seus moradores". O julgador conclui que "[...] **não há outra versão possível** para a existência **da droga na residência** comum dos acusados que não o dolo, compartilhado por ambos [...]" (grifos nossos), sem qualquer constrangimento de agir em contrariedade à ausência de prova incriminadora, bem como violando o princípio constitucional do *in dubio pro ré*.

Em momento anterior, embora considere que a alegação de que a ré desconhecia a existência da droga em sua residência, o magistrado afirma que "trata-se de fato cujo ônus da prova, no contexto, caberia à defesa [...]", invertendo o ônus da prova, incumbindo-o a ré. A alegação de que a acusada teria conhecimento da droga depositada em sua residência, contudo, foi feita pela acusação ao denunciá-la junto a seu irmão como incursa na Lei de Drogas. A acusação, portanto, é que deveria provar que a ré tinha conhecimento da substância guardada por seu irmão, que coabitava sua casa, como acentuam os processualistas Aury Lopes e Ricardo Gloeckner (2014):

> [...] devemos destacar que a afirmação sobre a qual deve recair a decisão é aquela que vem feita na denúncia, apontando a autoria e a materialidade de um fato aparentemente delituoso. Logo, incumbe ao MP o ônus total e intransferível de demonstrar a provável existência do *fumus commissi delicti* afirmado. (p. 269)

O magistrado incorre em grave erro ao inverter o ônus da prova com base no artigo 156 do CPP, não só em razão da obrigação de provar a acusação ser dos denunciantes, como também a leviandade ao tratar de direito tão caro à pessoa, sua liberdade. O juiz deve se cercar do máximo de elementos probatórios possíveis para fundamentar sua condenação e, restando dúvidas, deverá se posicionar em favor da acusada, respeitando o princípio constitucional da presunção de inocência (BRASIL, 1988) e o princípio do *in dubio pro ré*, e não promovendo a aberração de impor à acusada a constituição de prova que lhe redima as dúvidas. A decisão do magistrado, portanto, se aproxima muito mais *do in dubio pro societate, pro hell*[17] (KHALED JUNIOR, ROSA, 2015), relegando a acusada à situação conhecidamente desumana.

> Em última análise, é preciso fazer uma clara opção pelo devido processo substancial, cada um no seu quadrado, sem funções de acusação e gestão da prova por parte do julgador (não pode se confundir com um dos jogadores), fundado na dignidade da pessoa humana — e, logo, na presunção de inocência —, ou por um processo de inspiração inquisitória, fundando na lógica da persecução ao inimigo: in dubio pro reo ou in dubio pro hell? (p. 26)

Em outra decisão (caso 3) mais uma vez se evidencia a condenação por coabitação, aliada à criminalização em razão da relação afetiva. Os corréus foram condenados em razão de ter sido encontrada quantidade de droga em sua residência, após supostamente terem comercializado substância ilícita em troca de um celular.

Em interrogatório o réu afirmou ser usuário contumaz de droga, informação acolhida pelo magistrado ao reproduzi-la ao longo da sentença. O réu afirma, ainda, que foi ele o responsável pela troca da droga pelo celular, o que o magistrado com base nos depoimentos considera possível. Entretanto o juiz conclui que a ré teria cometido fato típico, pois "foi ela própria que informou aos policiais o local onde estava a droga [...]".

Partindo das alegações do próprio magistrado, que acolheu a informação de que o réu faz uso intenso de SPA's e de que ele poderia ter sido o responsável pela troca, estaria o juiz condenando a ré por saber o local em que seu companheiro guarda as drogas que faz uso? Deveria a acusada saber que seu companheiro eventualmente trocava droga por outros objetos? Nos parece que o fato da ré saber a localização da substância, aliado as considerações já feitas, não ensejariam sua condenação.

É possível concluir que as rés dos três casos foram criminalizadas em razão da coabitação com seus companheiros e irmão. O simples fato da moradia em conjunto foi determinante para que fossem consideradas incursas nos tipos penais sobre os quais foram acusadas.

17 Palavra inglesa que significa inferno.

O posicionamento acerca dos fatos ligados, principalmente, à moradia conjunta entre os corréus e suas consequentes condenações nos leva a pensar que as magistradas/os vêm considerando o verbo "coabitar" como um dos que compõe o tipo penal do artigo 33, ou, ainda, incrementando as situações pertinentes ao artigo 35, a despeito deste não estar previsto nos artigos mencionados, tampouco na Lei de Drogas.

Tal situação foi percebida pela socióloga Jamile Carvalho (2017) que, em pesquisa de campo, identificou um grupo de mulheres cujo aprisionamento se deu em razão do seu parentesco, local de moradia ou mesmo por ser usuária, tendo a socióloga as classificado como "laranjas" (p. 101). Das sentenças analisadas, o que se depreende é que as relações afetivas entre as rés e os réus só foi observada para consubstanciar condenações, não tendo sido mencionada por qualquer outra razão.

4.2.3. PROVAS E O CONVENCIMENTO DAS MAGISTRADAS/OS

Ao longo da análise das sentenças nos chamou atenção as inúmeras situações em que a discricionariedade das magistradas/os pareceu demasiado ampla, quiçá arbitrária, especialmente no que diz respeito à construção da sua convicção para condenações. As juízas e juízes, em ocasiões diversas, utilizaram os mesmos argumentos, mesmas construções lógicas, para, em uma mesma sentença, tomar decisões diametralmente opostas ou, no mínimo, contraditórias.

A. INTENCIONALIDADE NO MANEJO DAS PROVAS

Em um dos casos chama atenção que a ré, criminalizada em razão da coabitação, foi denunciada também pelo porte ilícito de arma de fogo encontrada na residência no momento da prisão em flagrante. Para esta conduta típica a magistrada não encontrou qualquer problema em individualizar as condutas dos corréus, absolvendo a ré.

A juíza utilizou a confissão do réu no interrogatório como principal elemento probatório para o seu convencimento, mas ignorou o fato de que o réu não imputou a conduta de armazenagem da substância à sua companheira. Nessa mesma linha, a magistrada desconsidera o depoimento da genitora da acusada no qual aquela afirma que "[...] saiu de casa e foi morar em casa alugada, com medo de ser presa, **pelo**

fato de [Nome do réu][18] usar sua casa como ponto de drogas",
a despeito de utilizar este mesmo trecho do depoimento para concluir
que haveria uma "boca de fumo"[19] no local. Ou seja, a juíza acolhe
o trecho do depoimento em que se afirma a existência de "ponto de
drogas", mas desconsidera a informação de que este seria de responsabilidade apenas do réu.

Para a acusação de porte ilegal de armas, portanto, a magistrada
vislumbra a necessidade da individualização da conduta e conclui com
base nos elementos probatórios de quem efetivamente era a posse do
objeto. Já a individualização das condutas acerca da armazenagem de
drogas, bem como do ponto de venda, parece não incomodar a juíza,
que prontamente ignora trechos do interrogatório do réu e depoimento
da genitora da acusada, conforme lhe é conveniente, para consubstanciar a condenação de ambos corréus.

Em outra situação (caso 3) em que além de tráfico os corréus foram
denunciados por receptação de um celular, o magistrado afirma "não
ter encontrado elementos de segurança nos autos para a condenação,
razão porque adoto a presunção de inocência e in dubio pro reo, para
absolvê-los pelo crime de receptação". Chama a atenção a facilidade
com que o magistrado acata o princípio constitucional da presunção de
inocência, em razão de dúvida acerca da existência do fato típico, para
absolver os réus, mas sequer cogita utilizar mesmo princípio ao analisar
a denúncia por tráfico.

O juiz, mesmo diante de fatos que, como descritos anteriormente,
criminalizaram a ré em razão de sua coabitação (caso 3), sequer considerou o déficit do lastro probatório e uma possível violação à presunção
de inocência e, por conseguinte, o *in dubio pro ré*.

Há, ainda, mais uma decisão (caso 2) na qual a magistrada viola a
presunção de inocência da ré e inverte o ônus da prova. No caso em tela
a ré foi sentenciada pelo transporte de droga em avião, a conhecida ati-

---

18 Nas transcrições de trechos das sentenças, os nomes das pessoas envolvidas
serão sempre suprimidos, em tentativa de lhes dar privacidade, a despeito da
publicidade dos processos. Constará entre colchetes a informação de que se tratava disto.

19 Nome vulgarmente usado para designar locais de venda varejista de drogas ilícitas.

vidade de mula. Ocorre que ambas as corrés, denunciadas pelo mesmo fato típico, afirmaram na fase inquisitorial e processual que não sabiam que transportavam drogas. Ademais disso, nenhum outro depoimento ou interrogatório de réus apresentou fala em contrário.

As rés alegaram que haviam sido contratadas para trabalhar em Salvador e que tinham recebido as malas com roupas que seriam vendidas na cidade. Entretanto diversas provas nos autos, descritas pela própria magistrada, consubstanciam a alegação das rés ou, no mínimo, tornam duvidosa sua autoria, ensejando novas provas ou sua absolvição, em consonância com o princípio do *in dubio pro ré*.

Em depoimento um dos policiais afirmou que:

> [...] foram contratadas para trazer a mala para Salvador, mas não tinham ideia do que as malas continham [...] que a ré Daiane não chegou a abrir quaisquer das malas, nem tinha os segredos das malas, nem chaves de qualquer cadeado; que as rés choraram muito e demonstraram surpresa com a abordagem [...] as malas não exalavam drogas enquanto fechadas.

As informações foram confirmadas pela outra testemunha policial. Nesse sentido parece possível pensar que as rés realmente não tinham conhecimento de que o conteúdo das malas era drogas. A despeito das alegações a magistrada afirma que:

> Assim **as testemunhas ouvidas em juízo ratificaram a prova produzida na fase inquisitorial** em relação aos réus de forma que **a condenação destes por tráfico se impõe**, uma vez que nada existe para contrariar seriamente os depoimentos das testemunhas da denúncia, resultando na certeza necessária à condenação dos acusados, com a acolhida da tese da acusação, porque a **prova testemunhal produzida pelo Ministério Público** se mostra mais em consonância com o contexto factual do que aquela apresentada pelos acusados e conduz, inexoravelmente, à condenação. (grifos nossos)

É forçoso ressaltar que uma das principais provas produzidas pelo MP a que se refere a juíza é a testemunhal, fornecida pelos policiais, cujos trechos foram apresentados acima. A afirmação da ré, contudo, nos parece encontrar eco nos próprios depoimentos policiais, ao afirmarem que elas não possuíam o código de abertura das malas, tampouco estas últimas exalavam cheiro de droga enquanto fechadas.

Ao considerar as justificativas apresentadas pela ré como "inverossímeis e fantasiosas", justificada pela magistrada no fato das rés não poderem qualificar ou informar o paradeiro da pessoa que lhes contratou, de forma velada representa a inversão do ônus da prova. A juíza desconsidera, ainda, a possibilidade de que a ré, por questões de vulnerabilidade socioeconômica, apresentada nos autos, estivesse inclinada a aceitar proposta de emprego em outra cidade, transportando roupas para que fossem vendidas.

Ao fim e ao cabo a ré foi criminalizada a despeito de prova irrefutável de que teria conhecimento da droga dentro da mala. Ademias, a magistrada apresentou os depoimentos policiais como cruciais para a condenação, quando estas próprias provas indicavam que a afirmação da ré poderia ser verdadeira. Nesses termos a juíza violou o princípio da presunção da inocência e do *in dubio pro ré*, utilizando a prova processual nos termos que lhe foi oportuno para fundamentar sua condenação.

Como colocado por Brum (apud CARVALHO, 2010a, p. 81):

> Geralmente, chegado o momento de prolatar a sentença penal, o juiz já decidiu se condenará ou absolverá o réu. Chegou a essa decisão (ou tendência de decidir) por vários motivos, nem sempre lógicos ou derivados da lei. Muitas vezes, a tendência a condenar está fortemente influenciada pela extensão da folha de antecedentes do réu ou, ainda, pela repugnância que determinado delito provoca no espírito do juiz [...]. (p.72)

B. CONFISSÃO EM SEDE DE INQUÉRITO

Outra ação dos julgadores que nos parece merecer críticas foi o uso dos interrogatórios em fase inquisitorial como prova no processo judicial para condenação. A despeito do artigo 155 do CPP (BRASIL, 1941) permitir que as provas produzias ao longo

do inquérito sejam consideradas na fase processual, sua utilização deve estar corroborada por outros elementos probatórios construídos no processo, que, portanto, foram submetidos ao contraditório e a ampla defesa. Tal definição enseja diversas críticas na doutrina. Os processualistas Aury Lopes e Alexandre Morais (2018) chegam a afirmar que "na verdade, essa fórmula jurídica deve ser lida da seguinte forma: não existe prova no processo para sustentar a condenação, de modo que vou me socorrer do que está no inquérito".

Uma vez que os inquéritos policiais são compostos por atos inquisitórios, eles não poderiam ser utilizados nas sentenças. Os elementos produzidos em fase de investigação policial não são submetidos ao contraditório e a ampla defesa, sua utilização como elemento probatório nos processos penais nos aproxima de um direito processual penal inquisitorial, em detrimento do que se propõe ser, acusatório.

Os casos analisados, contudo, apresentam restrito lastro probatório, composto principalmente por produções feitas na fase inquisitorial. Ademais disso, na maioria dos casos, nos interrogatórios em fase processual as rés e réus não repetiram confissões feitas no inquérito. Logo as magistradas/os não estariam autorizadas a utilizar as confissões, vez que não só não foram submetidas aos preceitos constitucionais do contraditório e da ampla defesa, para além de não estarem em consonância com as provas produzidas nos autos, tendo em vista que na fase processual não houve confissão.

Ainda assim, interrogatórios feitos na fase inquisitorial foram utilizados como prova processual para condenações. Situação que se agrava tendo em vista que em mais de uma situação as magistradas/os utilizaram estes interrogatórios das para fundamentar suas condenações com base em suas confissões, mas desconsideram tal confissão como a atenuante espontânea prevista no art. 65, III, d, do Código Penal (BRASIL, 1940). Em uma única decisão há um posicionamento contrário à prática, na qual a magistrada afirma que:

> [...] A jurisprudência do Superior Tribunal de Justiça orienta-se no sentido de que deve ser aplicada a atenuante de confissão espontânea realizada perante autoridade policial, ainda que retratada em juízo, desde que ela tenha, em conjunto com outros meios de prova, embasado a condenação [...].

Este não foi o entendimento nos demais casos. Em um deles o magistrado afirma:

> a acusada [...], muito embora **tenha confessado o seu envolvimento** com o delito durante a fase investigativa [...] em juízo a mesma negou as acusações [...] Todavia não há indício de veracidade nos autos [...] a narrativa apresentada

> pela [nome da acusada] apenas revela o desejo de a mesma
> se livrar da responsabilidade criminal [...]. (caso 6)

Outro magistrado em sua decisão alega que:

> **os dois réus em fase policial**, apesar de tentearem
> atribuir a (sic) um ao outro a troca do celular pela
> droga, **confirmam a traficância** [...] não há causa que
> exclua a antijuricidade, ou **circunstâncias que excluam** a
> imputabilidade, nem confissão dos réus [...] (caso 3)

A ação dos magistrados denota grave violação do direito à atenuante por confissão espontânea das rés e evidencia, mais uma vez, a utilização das provas processuais de acordo com a conveniência dos julgadores. É dizer, para estes julgadores uma mesma prova, no caso os interrogatórios, pode ser utilizada contra as rés em determinado ponto, mas não pode ser aceita em seu favor para outros aspectos. Tal prática nos parece muito mais próxima de um processo inquisitorial, em que as provas são constituídas independentemente do respeito a princípios processuais.

C. PROVA TESTEMUNHAL E A CONVICÇÃO NAS CONDENAÇÕES: A IMPORTÂNCIA DOS POLICIAIS

Em todos os seis casos estudados os policiais que efetuaram a prisão em flagrante foram testemunhas de acusação, tendo sido, inclusive, as únicas testemunhas de todo o processo em algumas situações.

Em todas as decisões esta prova testemunhal foi considerada fundamental para as condenações, fato que nos chama bastante atenção ao pensarmos sobre a verdade construída no processo. Como já dito, em muitas ocasiões as prisões em flagrante são eivadas de ilegalidade, o que não se apresenta como impeditivo para que se dê início ao processo criminal e posterior condenação sem que se questione qualquer das práticas da polícia.

Ilustrando o afirmado, em um dos casos a magistrada atribui relevada importância a prova testemunhal conferida pelos policiais:

> De seu lado, a prova colhida em audiência, mídias fls. 138
> e 152, através da oitiva dos policiais que participaram da
> apreensão **demonstra, com a <u>necessária segurança</u>**, que
> as drogas apreendidas pertence aos réus e que a mesma
> se direcionava à comercialização. (grifos nossos) (caso 1)

Em outro processo (caso 2) em que a prova testemunhal foi fundamental para a condenação, as únicas testemunhas do processo foram os policiais que efetuaram a prisão. Acusadas pelo transporte de droga, como *mulas*, em nenhum dos depoimentos ou interrogatórios há afirmação de que as rés saberiam que o que havia na mala que transportavam eram drogas. Em verdade os policiais em seus depoimentos apenas informam que acompanharam a chegada delas ao aeroporto e a retirada das malas. Ainda assim o magistrado afirma que:

> **Os testemunhos dos policiais**, se amoldam às demais provas produzidas, trazendo-nos elementos que **dão suporte à condenação**, devendo seus depoimentos serem considerados, sem ressalvas, posto que nada existe para desqualificá-los ou descredenciá-los, **não se exigindo a presença de testemunhas civis para o reconhecimento da responsabilidade criminal**, em casos tais" (grifos nossos).

Há que se frisar que os elementos probatórios aos quais a magistrada e refere foram produzidos na fase inquisitorial.

Em mais uma situação (caso 5) nessa linha, o magistrado afirma que "[…] o testemunho dos policiais devem [sic] ser considerados sem ressalvas". O juiz considera os depoimentos dos policiais fundamentais para a condenação da ré, chegando a concluir pela descartabilidade de depoimentos civis ao dizer que não seria exigida "[…] a presença de testemunhas civis para o reconhecimento da responsabilidade criminal".

Em nenhuma das decisões estudadas encontramos qualquer observação negativa, ou ao menos crítica, a respeito do trabalho policial. A leitura das sentenças nos leva a crer que as atividades do Ministério Público e da Magistratura ocorrem de maneira alinhada, como uma orquestra sinfônica em que a defesa, solenemente rechaçada, seria o instrumento desafinado a ser cortado da apresentação. A verdade policial (JESUS, 2016) se apresenta e se impõe no processo. Sobre isto, em pesquisa empírica realizada em 2016, a socióloga Maria Gorete Jesus concluiu que:

> A verdade policial, descrita nos autos, vai ser resultado de um processo de seleção daquilo que os policiais que realizaram o flagrante vão considerar adequado narrar e tornar oficial, daquilo que não vai aparecer. O delegado vai verificar tal narrativa e lhe dar validade, para que seja encaminhada/

comunicada à justiça criminal. Violência, discriminação, preconceito, segregação social, ilegalidades, qualquer desses vocabulários vai ser mantido fora dos registros. Muitas vezes, serão compreendidos como parte dos 'saberes policiais'. Como tais narrativas não são objeto de verificação, comprovação e questionamentos, seguem sem grandes problematizações na justiça criminal. O relatório final do inquérito policial é mera cópia dos autos de prisão em flagrante. A investigação é descartada como se a descrição realizada pelos policiais tivesse correspondência com o que aconteceu. (p. 241)

A crença na verdade policial opera de tal sorte que, mesmo em situações em que o próprio aparato estatal corrobora o testemunho dado por acusadas e acusados aos magistrados a respeito das violações sofridas, é possível identificar uma anuência dos juízes com a ação policial.

Em pesquisa realizada em 2015, a cientista social Enedina Amparo descreve o caso de Rosa, torturada pela polícia em sua residência durante horas por 12 policiais (p. 66). Não só o depoimento da acusada e os testemunhos de vizinhos sobre os gritos durante a sessão de tortura confirmam a prática, como as próprias marcas da violência registradas no corpo de Rosa, confirmadas por laudo do IML, órgão oficial que comprovou a existência de "lesões com instrumentos contundentes" e agressões físicas.

Em audiência, a despeito das evidências, o magistrado, embora tenha reconhecido as lesões causadas por agentes contundentes, negou que fossem provenientes de tortura, desconsiderando o fato, ao que a acusada, tentando convencê-lo, levantou a blusa e expôs as marcas da tortura (AMPARO, 2015, p. 66-67). Não só o juiz manteve seu entendimento como de maneira que beira a perversidade afirmou que os réus teriam "personalidade desajustada e perigosa, sem qualquer deferência ou mesmo compaixão pela incolumidade física e psíquica das inúmeras pessoas que, infelizmente, acabam seguindo pelas mãos de traficantes" (AMPARO, 2015, p. 67)

O que se nota é que práticas ilegais, como as trabalhadas no tópico acerca da atividade policial, que representam um rol exemplificativo e não exaustivo, bem como as descritas por Maria Gorete, se inscrevem no âmbito da ilegalidade aceita, neutralizada (VALOIS, 2019a, p. 373), em conformidade com os discursos genocidas e violentos perpetrados contra a população negra e pobre. Essas ações encontram eco e respaldo no judiciário, dando continuidade a este processo de criminalização secundária violenta e fazendo com que os testemunhos dos policiais que efetuaram a prisão em flagrante figurem como prova central para as condenações.

A ação dos magistrados está embutida no processo hierarquizado das relações sociais capitalistas e fazem parte do conjunto de instrumentos repressores do capital. No conjunto de ações articuladas da Guerra racista e sexista contra as pessoas em razão da proibição de drogas, o judiciário representa mais um dos elementos a serviço da lógica genocida de moer gente.

4.2.4. REFLEXÕES A PARTIR DA DOSIMETRIA DAS SENTENÇAS

Ao analisarmos como ocorreram as fases da dosimetria nas decisões condenatórias estudadas, alguns aspectos nos chamaram a atenção. Em mais de uma ocasião os magistrados revelaram elevado grau de discricionariedade ao dosar as penas, com fortes indícios de escolhas motivadas por aspectos que não os jurídicos, fazendo ajustes para adequar seus posicionamentos contraditórios ou mesmo ignorando solenemente a necessidade de fundamentar suas posturas.

A. PRIMARIEDADE E OLHAR DOS MAGISTRADOS/AS

Cinco das 6 rés analisadas eram rés primárias, entretanto não só isto é ignorado nas sentenças durante a dosimetria enquanto minorante, como também é violado nas análises que desconsideram a possibilidade de que a conduta seja considerada como tráfico privilegiado, nos termos do artigo 33, parágrafo 4° da Lei de Drogas (BRASIL, 2006).

A despeito de sua condição de rés primárias, os magistrados na dosimetria da pena, por vezes, concluíram, sem qualquer outro elemento probatório que resguardasse tal conclusão, que os corréus se dedicariam à atividade criminosa, não fazendo jus a diminuição. Uma das juízas (caso 1) afirma que "[...] o acusado é **tecnicamente primário e não há prova de que integrasse organização criminosa** [...] verifica-se que os acusados **se dedicam à atividade criminosa**, não fazendo jus à diminuição". A partir da própria fala da magistrada, não é possível compreender o que a autorizou a não proceder com a minorante.

Outra decisão intrigante (caso 2), por também ser nitidamente contraditória, é a que a magistrada absolve os corréus pela prática de associação para o tráfico, mas considera que se trata de atividade ilícita habitual ao dizer

> [...] razão também assiste ao Ministério Público, em suas alegações finais, ao requerer a absolvição dos réus, haja vista que **não restou comprovado um vínculo estável entre os denunciados**, voltado para a prática de tráfico de drogas ao ponto de respaldar condenação por associação para o tráfico. [...] "é majoritário o entendimento da jurisprudência Pátria de que a quantidade, variedade e natureza das drogas apreendidas, revelam **indícios de atividade ilícita habitual e demonstram a dedicação dos acusados à atividade criminosa e envolvimento em organização criminosa**. (grifos nossos)

Nessa linha, a magistrada ao realizar a dosimetria da pena da ré afirma que

> [...] **ficou provado nos autos o seu envolvimento em organização criminosa, dada a vultosa quantidade de droga apreendida**, não existindo causa especial de diminuição de pena para ser reconhecida, de forma que não faz "jus" ao benefício previsto no § 4º, do art. 33, da Lei de drogas.

A juíza utiliza a quantidade de droga apreendida em desfavor da ré, mas a própria magistrada em trecho da sentença aponta que a ré seria *mula*, sendo de conhecimento da julgadora, portanto, a função subalterna e descartável ocupada pela denunciada. Deste modo, a quantidade de droga apreendida, por si só, não poderia figurar como elemento indicativo de que a ré necessariamente estaria envolvida em organização criminosa.

Há ainda a situação (caso 5) em que o magistrado reconhece a condição de primária da ré, mas nega a possibilidade de reconhecimento da causa de diminuição de pena do tráfico privilegiado sem apresentar qualquer justificativa para tanto.

Cumpre tratarmos, ainda, das situações em que os magistrados utilizam condenações, processos sem trânsito em julgado, ou, ainda, inquéritos policiais em desfavor das rés. Esta ação dos julgadores é frontalmente violadora dos direitos das acusadas, contrariando a Súmula n. 444, STJ. que determina que "é vedada a utilização de inquéritos policiais e ações penais em curso para agravar a pena-base". Não se esperaria outro posicionamento dos tribunais superiores, haja vista que em situações de concurso público, por exemplo, é cediço o entendimento de que só pode ser usado em desfavor do concursado sentença transitada em julgado.

O posicionamento dos magistrados, contudo, não surpreende, posto que estão decidindo no âmbito do paradigma da Guerra às Drogas, o que, não raro, tem se apresentado como importante elemento que lhes leva a ter incursões violadoras de direitos das rés, especialmente quando estas últimas fazem parte de grupos já vulnerabilizados.

Ao que nos parece, existe resistência à possibilidade de aplicação da causa de diminuição do tráfico privilegiado. Tal resistência está circunscrita no paradigma punitivista da Guerra às Drogas em que possibilidades de diminuição da dor imputada

às rés são nitidamente refutadas, sem qualquer justificativa, ou a partir de argumentos, no mínimo, contraditórios.

Algumas pesquisas (CARVALHO, 2013; OLIVEIRA, PRADO, 2014; FLAUZINA et al, 2015) já apontavam que em muitas situações medidas que reduzem o aparato punitivista usualmente são rechaçadas ou cooptadas pelo aparato punitivista, que passa a utilizá-las para aumentar suas possibilidades de controle. As penas restritivas de direito, por exemplo, muitas vezes deixam de ser substitutivas das penas privativas de liberdade para se tornarem substitutas da liberdade em si (CARVALHO, 2010b). É dizer, as penas restritivas de direito acabam sendo utilizadas como "instrumento aditivo de ampliação do controle social punitivo" (CARVALHO, 2010b, p.150).

Tal situação nos remete à fala trazida pelas internas em uma das atividades no CPF feita pela RENFA em que apresentaram repulsa total ao uso de tornozeleira eletrônica ao deixarem o conjunto, alegando preferirem permanecer custodiadas a sair com o objeto. Segundo elas, o adereço as confere marca de morte nos territórios em que vivem, circunscritos nas disputas da Guerra às Drogas, em que, para os traficantes, as tornozeleiras atraem as forças policiais. As custodiadas apresentaram a preocupação em não serem ouvidas a este respeito.

A preocupação das internas nos parece razoável, em consonância com pesquisa realizada por Thula Pires (FLAUZINA et al, 2015) que traça um paralelo entre as práticas de controle escravistas ao monitoramento eletrônico, inscrevendo este monitoramento como "medidas de incremento ao controle e não de humanização da pena" (p. 81). A alegação das custodiadas encontra eco ainda nas conclusões da autora:

> [...] é assombroso pensar em centenas de corpos negros que, marcados pela tecnologia, serão sitiados em suas localidades (dependendo do lugar onde moram seus amigos e familiares, o seu monitoramento representa uma ameaça latente e, com isso, a sua presença indesejada ou proibida) [...] (FLAUZINA et al, 2015, p. 82)

Não se pode perder de vista, portanto, que as ações dos magistrados estão inscritas no paradigma punitivista, com reflexos disto em suas decisões.

B. INDIVIDUALIZAÇÃO DAS CONDUTAS E DOSIMETRIA DAS PENAS

Da análise das sentenças notamos como prática recorrente a inobservância da individualização das condutas e das penas. Mesmo em casos que a própria descrição feita pelas Magistradas/os acerca dos eventos processuais no relatório das sentenças traz algumas situações que identificam aspectos diferentes ligados a cada corréu, os próprios julgadores/as ignoram tal fato ao fazer a dosimetria da pena.

Em duas das sentenças (casos 1 e 4) a pena da ré é idêntica a do seu corréu no tocante à acusação de tráfico. No caso 1 a magistrada não teve dificuldade em individualizar o porte de armas, mas trata a atividade de tráfico, muito mais complexa, como se os corréus fossem uma única pessoa. A ré, conforme apresentado no tópico 4.2.2, foi criminalizada em razão da coabitação com o réu. Com o que se depreende dos autos, a denunciada poderia ter sido absolvida, fosse pela convicção de que nada praticou, fosse em razão da dúvida quanto sua autoria que, em conformidade com os preceitos constitucionais, determina sua absolvição.

Tanto na decisão do caso 1 como do caso 4, na dosimetria, os juízes sequer nomeiam a acusada e o acusado respectivos, avaliando pontos como as causas especiais de aumento e diminuição de pena e as circunstâncias agravantes e atenuantes como se estivessem sentenciando cada um apenas um acusado, em grave violação ao princípio da individualização da pena. Ademais disso, ao menos no caso 1, o comportamento da magistrada fortalece a ideia de que haveria dúvida quanto à autoria da ré de tal modo que se tornou inviável individualizar sua conduta no momento da dosimetria da pena.

Em outra sentença (caso 2) a magistrada embora nomeie e separe as corrés e corréus para realizar a dosimetria, reproduz integralmente os trechos utilizados para as corrés, ignorando completamente as particularidades de cada uma delas, apresentadas ao longo do processo, bem como não diferenciando suas ações. Neste caso as corres figuraram como *mulas* ao passo que os corréus eram os responsáveis por recebê-las com as mercadorias.

Em outro situação (caso 3), embora o magistrado destrinche a dosimetria dos corréus em conjunto, ele apresenta algumas situações pertinentes apenas a ré. Ainda assim a pena não foi individualizada, tendo os corréus sido condenados a penas idênticas. Situação que se repete em outra sentença (caso 5), em que, a despeito da magistrada fazer diferenciações entre os corréus ao longo da dosimetria da pena, ao fim, a acusada e o acusado são condenados a penas idênticas.

Por fim, em outra condenação (caso 6), o magistrado procede a dosimetria de cada corréu de forma separada e com detalhamento, o que se coaduna com o apresentado ao longo da sentença, tendo em vista ter sido identificada com facilidade a conduta de cada um, da ré e do réu no caso. Ainda assim, as condenações foram a penas idênticas.

A nós não nos parece coincidência que em todos os casos estudados as penas das corrés tenham sido idênticas[20] à dos demais acusados. A ação, ao contrário, nos parece sistemática. Há uma falta de preocupação, ou mesmo um descompromisso dos julgadores para exercer a individualização, agindo explicitamente de maneira diversa a previsão legal. A segurança com que fazem isso parece encontrar respaldo nas práticas autorizadas da justiça criminal, notadamente no que diz respeito ao

---

20 No caso 2 a pena da ré é idêntica à de sua corré e não dos corréus. Ainda assim se mostra relevante, haja vista que a magistrada reproduziu integralmente a dosimetria de uma para a outra.

tráfico, se direcionando contra aquelas que já têm sobre si o peso de incontáveis elementos estigmatizantes e opressores. A prática nos remete, ainda, às violações já mencionadas do *in dubio pro ré*, levando-nos a pensar que de fato estamos diante do *in dubio pro hell*.

Ademais, estudos acerca dos processos de criminalização secundária evidenciam o caráter seletivo do sistema penal, em que preconceitos e estereótipos guiam a ação dos órgãos judicantes (BARATTA, 2011, p. 176). Diante de indivíduos de classes distintas, há uma tendência à juízos diferentes por parte dos magistrados, tanto a respeito de elementos subjetivos como de personalidade, com consequências diretas na individualização e mensuração da pena (BARATTA, 2011, p. 177).

Conforme dados do CNJ (Censo CNJ, 2013), a magistratura brasileira é composta, majoritariamente, por homens de cor branca. Menos de 1,5% dos juízes brasileiros são negros. Esses magistrados incorporam os discursos da Guerra às Drogas e se veem investidos enquanto *agentes garantidores de segurança pública* (CASARA, 2015, p. 208, apud VALOIS, 2019b, p. 25), extraindo de vivências pessoais, logo embebido no dispositivo racial e sexual, o que consideram melhor para segurança pública, expressando isso em suas sentenças.

4.2.5. ASPECTOS ESTIGMATIZANTES E/OU MORALISTAS RELACIONADOS DIRETA E INDIRETAMENTE À POLÍTICA DE DROGAS

Em todas as sentenças foi possível encontrar algum tipo de fala estigmatizante ou moralista por parte dos magistrados. Algumas delas expressamente ligadas à questão das drogas, outras camufladas.

Em duas situações (casos 1 e 2) as magistradas afirmam se tratar de "[...] substâncias causadoras de dependência física/psíquica", apresentando posicionamento generalizante e estigmatizante a respeito das drogas, sem individualizar a situação. Não puderam recorrer em liberdade, pois "está suficientemente demonstrado que em liberdade voltarão a praticar crimes, ofendendo a ordem pública", isso porque respondem a outros crimes, e fugiram da cadeia ao longo do processo (caso 1). Não são consideradas usuárias mesmo em situação com pouca quantidade de droga (caso 3) porque a ré não alegou uso, mas o réu, que afirmou ser usuário, também não foi considerado dessa forma, mas sim traficante.

Outras sentenças sequer tocam nesse ponto. Tal situação foi observada em estudo publicado em 2016 (OLIVEIRA, PRADO), no qual as pesquisadoras concluíram que:

> [...] há ainda a carência por elementos objetivos para diferenciação entre aqueles que seriam os usuários e os traficantes. Desse modo, fica à discricionariedade do magistrado apontar qual o crime caracterizado, o que, por vezes, resvala para a arbitrariedade dessa definição. Muitas das mulheres condenadas em Salvador portavam pequenas quantidades de droga, e suas sentenças não apresentavam elementos que indicassem de forma clara que se tratava de um caso de tráfico e não de droga para consumo próprio ou até de falta de provas para qualquer incriminação. Em muitas situações há indícios de que a não desclassificação para usuária foi uma escolha do magistrado pautada em questões não jurídicas, ligadas à moral e a convicções ideológicas destes, sob forte influência da política criminal de drogas adotada no país.

Em uma das sentenças (caso 2), a magistrada afirma que o crime "tem o Estado como sujeito passivo primário e secundariamente as **pessoas que recebem a droga para consumo**" (grifo nosso). Tal afirmação reforça o discurso que aponta a contraposição entre traficantes e usuários, os primeiros inimigos do Estado, os últimos sujeitos passivos que demandam proteção.

Em outra decisão (caso 3), o magistrado apresenta discurso em consonância com o da Guerra às Drogas ao dizer:

> Ressalta-se que em cidades como Ubaitaba, municípios vizinhos e seus distritos, o tráfico de drogas é um dos principais males na esfera criminal, **que leva ao vício, degradação de famílias estruturadas** e na maioria das vezes **a associação a outros crimes como homicídios, assaltos a mão armada, ameaças e pequenos furtos por usuários**.

As afirmações deste magistrado também se inscrevem na dicotomia do bem e do mal, traficante *versus* usuário. Ademais disto o juiz alega que o tráfico estaria relacionado à prática de outros crimes sem apresentar qualquer prova disto, o que nos leva a pensar que estaria tão somente reproduzindo os discursos alarmistas da Guerra às Drogas.

Outro elemento importante é o que aparece em mais de uma sentença em que os julgadores afirmam que os corréus teriam agido em busca de "lucro fácil". Tal afirmação não merece prosperar por algumas razões. Não nos parece crível que atividades criminalizadas na Lei de Drogas possam ser consideradas fáceis, haja vista o forte aparato bélico a elas direcionado em razão da Guerra às Drogas, além da alta letalidade, que a participação no comércio varejista de drogas confere a seus participantes, como apontou pesquisa feita pela antropóloga Luana Malheiro (2018) nos territórios de uso e venda no Centro Histórico de Salvador.

Em pesquisa realizada em 2019 (FERNANDES, FERNANDEZ, OLIVEIRA) acertadamente apontam que a expressão utilizada pelos magistrados deveria ser substituída por "difíceis lucros fáceis":

> Não é possível, portanto, imaginar que se aplique o estereótipo do 'lucro fácil', de alguém que apenas não quer fazer esforço para obter dinheiro, para os casos de venda de droga. Acumular as tarefas de trabalho no mercado lícito e realizar atividades para o tráfico, além de embaralhar as fronteiras de identidade, denota que há pessoas que participam do tráfico enquanto atividade extra, muitas vezes, sem buscar ter uma 'vida mansa', mas por possibilidade de ganharem um pouco melhor. (p. 11)

Em uma das condenações (caso 3) o juiz expressamente extrapola a compreensão jurídica e adentra a moralidade ao afirmar que a ré "agiu para satisfação de vontade e desejo de lucro fácil e rápido, desconsiderando a **regra moral** e legal de proibição de envolvimento com drogas ilícitas".

O que se vê são magistrados que se comportam como verdadeiros agentes da segurança pública, desvirtuando procedimentos, perpetuando violências (VALOIS, 2019a, p. 653). Estes julgadores ultrapassam os limites do necessário às condenações e à atuação jurídica, permeando suas decisões, ou mesmo ações ao longo do processo, de práticas moralistas e/ou violadoras de direitos se colocando como um dos "cavaleiros de combate" na Guerra às Drogas, aproximando sua atividade não só da figura de um agente de segurança pública, como também a de legislador ao apresentar elementos que não estão previstos na Lei de Drogas em desfavor dos condenados.

4.2.6. MULHERES INVISÍVEIS

Nas decisões estudadas não foram encontrados elementos explícitos diferenciando as condutas dos homens e das mulheres. É dizer, nenhuma magistrada/o utilizou palavras, expressões ou proferiu considerações estigmatizantes que tratassem expressamente de questões ligadas ao fato de que as rés são mulheres, tampouco abordaram sua cor de pele ou questões de vulnerabilidades socioeconômicas. Outras pesquisas já apontaram para conclusão similar (OLIVEIRA, PRADO, 2014; FERNANDES, FERNANDEZ, OLIVEIRA, 2019).

Não se quer dizer, contudo, que tais elementos não produzem influência nas percepções das julgadoras/es e suas decisões condenatórias. Ao contrário, concluímos que ao ignorarem as condições e especificidades das rés os magistrados/as relegam-nas à invisibilidade histórica a que estão submetidas, reproduzindo processos de violações de direitos.

A despeito de quase todas as rés terem filhos, por exemplo, nenhuma das sentenças sequer menciona esta informação. A mudez a respeito disto mostra como a maternidade é invisível para os julgadores, apesar das condenações terem fortes implicações na vida de familiares das rés, especialmente suas crias, como tratado no tópico 3.2.

De modo geral as relações afetivas das rés são invisíveis aos julgadores, ou propositalmente invisibilizadas, como nos casos em que os corréus eram companheiros das acusadas e a informação, como disposto em subtópico acima, só foi apresentada nos casos em que foi utilizada em desfavor das rés. A negação da afetividade das rés encontra eco, ainda, em condenações que ignoram o local de moradia das rés e as submete ao cumprimento de pena distante de seus familiares. Em apenas um dos 6 casos estudados a ré residia em Salvador, é dizer, em todos os outros as sentenciadas estão cumprindo pena afastadas de seus familiares.

A pena acessória não declarada de afastamento dos familiares pode ser atribuída a uma deliberada escolha do magistrado por ignorar o fato, como também em razão da indisponibilidade de estabelecimento apropriado para cumprimento da pena nas comarcas de residência das rés. Ambas as situações são reprováveis. Os julgadores

devem estar atentos ao sofrimento que as penas impõem as rés, evitando seu incremento com circunstâncias diversas á conduta criminalizada. Um problema de limitação do Estado acerca dos estabelecimentos, por sua vez, não deveria acarretar em consequências gravosas para as mulheres.

A criminalização por coabitação é outra forma de posicionamento dos magistrados que, embora não tenham utilizados falas expressas patriarcais e misóginas, ao agirem de tal forma incorrem em prática de cunho discriminatório. Ademais disso, ao não falar da conduta específica das rés na individualização das penas, os magistrados não só violam o *in dubio pro ré*, como também parecem inferir que estão sendo criminalizadas em razão de sua relação afetiva com o corréu.

Outro aspecto relevante diz respeito ao fato dos magistrados deliberadamente ignorarem a função que as rés alegadamente exerceriam no tráfico, com base na descrição do fato criminalizado. A maioria das acusadas analisadas ou foram ligadas a pequenas quantidades de drogas, ou eram *mulas* do tráfico, posições subalternas e de pouca relevância, com alto teor de descartabilidade e rotatividade. Ignorar aspectos ligados à baixa quantidade de droga, alegando que a quantidade não é relevante para constatação da periculosidade vai de encontro, inclusive, a um dos mitos da Guerra às Drogas (ALEXANDER, 2018), de que combateria drogas perigosas. Em verdade a maioria das prisões se dá em razão de pequenas quantidades de SPA's (BORGES, 2018a, p. 104).

Ademias disso, é comum não localizar elementos que indiquem por qual razão as pequenas quantidades de droga não são elemento suficiente para considerar a substância como uso e não voltada ao tráfico (OLIVEIRA, DÉBORA, 2016). Nas sentenças analisadas também não foi possível fazer tal constatação.

Os aspectos supracitados aliados ao fato de que sua primariedade também foi ignorada pela maioria dos julgadores para fins benéficos às rés evidenciam a ausência de olhar específico para as mulheres em situação de tráfico, ou mesmo um olhar punitivista que, por escolha, ignora e invisibiliza suas particularidades.

Para além disso nas sentenças as condições socioeconômicas das condenadas não são levadas em consideração. Ao contrário, alguns dos magistrados inferem que as ações ocorreram em busca de "lucro fácil". Tal posicionamento ignora a situação das mulheres na pirâmide social, em especial as mulheres negras, que figuram na base da exploração, informação de grande relevância, tendo em vista que das 6 mulheres cujos casos foram estudados, 5 eram negras.

Agindo desta forma os julgadores atuam em consonância com o colocado pela Guerra às Drogas, cujo alvo aponta para mulheres negras e pobres de periferias. Os magistrados se alinham a processos de criminalização da pobreza (WACQUANT, 2003)

Os magistrados ignoram ainda que as prisões ocorreram em situações sem violência, o que refuta afirmações como a de alta periculosidade das acusadas. Em pesquisa realizada pela socióloga Jamile Carvalho (2017), reforçando o caráter de ausência de violência, uma das mulheres ao ser entrevistada afirma "Eu não boto a faca no pescoço de ninguém [...] Compra quem quer [...] Ele é que vem até a mim." (p.115). A pesquisadora (CARVALHO, 2017) conclui que:

> O tráfico para ela, assim como para as demais entrevistadas, faz parte de uma estratégia adaptativa às suas condições sociais de existência em meio a pobreza e um cenário de alto consumo de drogas nas sociedades contemporâneas e em todas as classes socais. Se em outros tempos era destinado às mulheres negras, empobrecidas e periféricas o emprego doméstico precário como a possibilidade predominante de ganhar a vida, hoje, o trabalho precário no tráfico de drogas aparece como uma alternativa possível e disseminada a muitas mulheres e jovens nas periferias do país. (p. 114)

Deste modo concluímos que, a despeito da ausência de elementos expressos de estigmatização patriarcais e racistas, as posturas dos magistrados a todo momento parecem estar permeadas por estes aspectos, imprimindo uma série de violências às mulheres.

5. Considerações finais

*Estava decidida a pegar minha
filha na visita e combinar com ela para a gente se suicidar na cela.
(...)
Vivo aqui como uma morta viva, uma
vida forçada a você ser ou se tornar em uma criminosa (...)
Eles me dão remédio por que vivo revoltada, triste e se
sentindo injustiçada pela lei brasileira, sabe? Sabe, Dina, eu gostaria muito de
uma reavaliação de meu caso, ou uma investigação melhor. Eu acredito que a lei
do Brasil beneficia muito a polícia, pois estou sendo injustiçada. Estou sem ouvir e
eles não foi questionados por isso que para mim é um crime, fui torturada para
dar informações que desconhecia"*

(Rosa Maria)[21]

Analisar a Guerra às Drogas e as repercussões na vida do povo, em especial das mulheres negras, é, em última análise, falar das violências a elas impostas. É debruçar o olhar sobre a dor, tocar na ferida aberta das "mulheres negras e seus 'sonhos sequestrados num mar de sangue'" (REIS, 2005, p. 231).

Ao longo do trabalho pudemos constatar as consequências mortais que à Guerra Contra pessoas em razão da política belicista sobre as drogas tem ocasionado. Em continuidade ao racismo e patriarcado his-

---

21 Nome fictício dado a entrevistada da pesquisadora Enedida do Amparo, disponível em sua tese de doutorado.

tóricos, tal guerra emerge na sociedade de classes como forte ferramenta de controle e violência, como uma máquina de moer gente.

A análise dos prontuários e sentenças levantados para esta pesquisa nos colocou diante do papel fundamental das forças oficiais do estado como reprodutoras de violência, protegidas pela legalidade de conveniência. Todo um sistema se conforma como aparato de controle letal de populações vulneráveis, o que se coaduna com a síntese apresentada por Ana Flauzina (in ALEXANDER, 2017) ao dizer:

> É a corporeidade negra o dado constante na retórica do terror, transmutando-se apenas nas estruturas formais de controle. Sem alterações substantivas, a antinegritude vige como a métrica basilar as dinâmicas políticas e sociais do país. (p. 12)

O poder do Estado, representante dos interesses racistas e patriarcais burgueses, funciona através do aparato repressivo instrumentalizado pelas polícias, exército, justiça, instituições oficiais de controle, mídia, dentre outros (TONET; LESSA, p. 54, 2011). Nesse sentido, a Guerra Contra pessoas em razão da política proibicionista de Drogas tem funcionado como um dos pilares do Estado.

Como se viu, a Guerra se conforma como um dos elementos do dispositivo genocida sexista e racial (CARNEIRO, 2005) do capital, operando por todo o corpo social. As etapas de criminalização de pessoas condenadas por tráfico de drogas, portanto, não se desloca desta realidade.

Os elementos estruturantes do capitalismo, transversais às relações, públicas ou privadas e, consequentemente, às instituições, inundam as práticas proibicionistas e punitivistas dos atores estatais que personificam as ações da política sobre drogas. Consubstanciada por forte dominação ideológica (BORGES, 2018a), aparato para manutenção das explorações, a esses atores é dada autorização para agir de forma discricionária na seleção das pessoas criminalizáveis, que, não raro, perpetuam práticas estigmatizantes calcadas no olhar racista, sexista, patriarcal e marginalizante.

Ações policiais de guerra tomam corpo, impondo uma série de desdobramentos criminalizantes, estigmatizantes e violadores de direitos à setores específicos da sociedade, não se restringindo apenas as pessoas que irão figurar como rés nas ações penais, como pudemos constatar ao longo da pesquisa. A relação policial com as comunidades, por exemplo, passa a se constituir a partir do racismo institucional endêmico, que materializa na figura do corpo jovem, pobre, negro de periferia o suspeito padrão (REIS, 2005, p. 226), com uma política de segurança pública de letalidade crescente, com o aumento de mortes causadas por forças policiais (FREITAS, 2015, p. 35).

O processo de colonização dos países latino-americanos a partir da Guerra às Drogas se infiltra, também, no pensamento e práticas dos tribunais e juízes, que, não raro, fazem com que magistrados tenham atuação próxima ao que seria função do agente da segurança pública, com desdobramentos sobre os procedimentos processuais, legitimando a perpetuação de violências (VALOIS, p. 653, 2019a). Como visto na análise das sentenças, a discricionariedade se inscreve na atividade judicial reforçando a estigmatização e a violência em nome do combate às Drogas.

O sistema judiciário autoriza suas práticas legais a partir da criminalização primária fortemente proibicionista e repressiva construídas pelos legisladores. A ausência de distinção legal para as funções do tráfico e a possibilidade de diferentes níveis de punição não nos parece acidental, deixando a critério do julgador eventual diferenciação, o que, nos casos analisados, culminou em decisões mais gravosas para as rés.

As decisões que não encontram conformidade com a lei, violando princípios e perpetuando violências, por sua vez, parecem contar com os mesmos privilégios da ilegalidade aceita e neutralizada conferida às ações policiais. Razão pela qual, como se viu das decisões analisadas, não há qualquer constrangimento por parte dos magistrados em agir de tal forma.

A facilidade com que são proferidas decisões em desacordo com legislação expressa ou determinações de cortes superiores, mesmo que diretas e vinculantes, achado também de outras pesquisas (VALOIS, 2019b, p. 24). Outrossim, os próprios tribunais, por vezes, tomam decisões notadamente violadoras de direitos. Como no caso da execução provisória da pena em condenação de 2º grau, autorizada pelo STF na ocasião julgamento do HC 126.292/16, em detrimento do princípio constitucional de presunção de inocência (BRASIL, 1988).

Construção da verdade no processo a partir da valoração de provas em notório *in dubio pro hell* (Morais, 2015) e violação à presunção de inocência; utilização de prova testemunhal de policiais como elemento principal para condenação; intencionalidade no manejo das provas processuais para consubstanciar as condenações, a despeito de flagrantes contradições, com provas aceitas "pela metade", apenas nos pontos em que serve para agravar situação das rés; desconsideração da primariedade; uso ilegal de prova produzidas em fase policial, em violação aos preceitos constitucionais do contraditório e da ampla defesa; são alguns dos achados da análise das sentenças.

As conclusões supracitadas reforçam o que já foi confirmado por outros pesquisadores (BARATTA, 2011; BRUM, 1980), que os magistrados ao prolatar a sentença já teriam sua convicção formada sobre a absolvição ou condenação muito antes deste momento processual. Constatamos as mais diversas "ginásticas" processuais feitas pelos magistrados para autorizar suas condenações, o que nos parece reflexo precisamente do fato de já terem condenado as rés muito antes da sentença em si, sendo necessário "apenas" ajustes na valoração dos fatos.

A construção histórica burguesa, classista, racista e machista dos operadores do judiciário, na qual os juízes são extraídos essencialmente do seio das camadas economicamente superiores, ao passo que essa mesma construção histórica coloca do outro lado indivíduos da classe oposta, corpos empobrecidos, negros e femininos vulnerabilizados, nos leva a conclusão de que estamos diante de uma justiça de classe, como afirma o criminólogo Alessandro Baratta (2011, p. 177). Ao que, sem sombra de dúvidas, acrescentamos também raça e gênero.

Nesse diapasão a assertiva de que o sistema criminal funciona como reprodutor de violências e em favor da manutenção do *status quo* de explorações nos parece acertada. Ao fim e ao cabo, os que pagam a conta são os mesmos, o povo negro, especialmente as mulheres, encarceradas pela política genocida e criminosa do estado brasileiro.

No paradigma punitivista, todos querem punir e infringir sofrimento, mas não admitem, não se coloca isso expressamente nas sentenças, os magistrados não gostam de condenar a dor (CHRISTIE, 2018, p. 30). A ciência jurídica também se afasta da dor, todos falam em como colocar e tirar da prisão, mas ninguém fala da desumanidade dos cárceres (VALOIS, 2019b, p. 160), especialmente em uma realidade de encerramento massivo. As prisões se conformam como verdadeiros depósitos humanos, perpetuadores de violência, como constatado ao longo do trabalho. Diante disto é que a feminista Angela Davis (2003) fala da urgência em se debater a obsolescência da prisão como instituição. O cárcere só pode ser visto como cumprindo função política se considerarmos se tratar de política de extermínio, necropolítica (MBEMBE, 2016).

Não se pode, contudo, combater o encarceramento em massa sem combater, também, a Guerra às Drogas, tarefa central para os movimentos que atuam em prol dos direitos humanos, contra o racismo e a misoginia. Enfrentar a estigmatização de pesquisadores, militantes, usuários ou não, se impõe em um contexto em que falar de tráfico se equipara a falar de bruxaria no século XVII (Valois, 2019b) e que a descriminalização se enquadra como subversão.

Não se pode perder de vista, entretanto, o alerta feito por Michelle Allexander (2018) quando nos lembra que "uma vez após outra, os mais ardentes proponentes da hierarquia racial foram bem-sucedidos em criar novos sistemas de castas" (p. 54). Em consonância com esta afirmação da autora, Luís Valois (2019a) aponta que a Guerra às Drogas será superada, podendo ser, não necessariamente por que a superamos, mas por si só, sendo substituída por outro modelo de morte (p. 657). O que nos aproxima, portanto, de uma perspectiva abolicionista em relação ao paradigma punitivista atual e as concepções relativas às drogas ilícitas.

Existem elementos de controle da discricionariedade, mas o que notamos foram frequentes ajustes para "burlar" isto, o que se alinha aos alertas de Valois e Allexander descritos anteriormente. Poderiam ser propostas mudanças legislativas, que, contudo, correrem o risco de incorrer na falácia de que algo foi alterado, quando seguirá sendo "burlado" ou mesmo cooptadas pelo proibicionismo, aumentando as possibilidades de controle e punição. Não se quer dizer com isso que alterações não devam ser feitas, enquanto nos encontramos no paradigma punitivista legalista, devemos disputar as narrativas e práticas.

É forçoso concluir que, embora ao iniciar este trabalho não se tenha reivindicado o abolicionismo ou outras proposituras, o caminhar da pesquisa nos aproximou de tal proposta. Nos parece que a questão central não se encerra em controlar discricionariedade/arbitrariedade, e/ou criação de novos meios de controle. Devemos nos colocar contra a

Guerra às Drogas e o encarceramento em massa, o que só poderá surtir efeitos se estivermos combatendo, também, o racismo, o patriarcado e o capitalismo, sob pena de novas formas de controle e necropolítica emergirem.

Em uma sociedade fundada no dispositivo racial e sexual, de exploração de classes, racista e patriarcal, só poderemos falar em verdadeira liberdade abolindo cada um desses marcadores de opressão, a partir de uma prática feminista, antirracista e anticapitalista.

Referências

Advocacy For HumanRights in America, **wola, nuevos estudios revelan un incremento en el encarcelamiento por delitos de drogas.** Disponível em: <http://www.wola.org/es/noticias/ nuevos_estudios_revelan_un_incremento_en_el_encarcelamiento_ por_delitos_de_drogas>. Acesso em: 28 dez 2017.

ALEXANDER, Michelle. **A Nova Segregação**: Racismo e Encarceramento em Massa. 1. ed. São Paulo: Boitempo, 2017.

ALMEIDA, R. Bruno; PIMENTEL, Elaine; MELO, G. Juliana. A Defesa dos Direitos Humanos e a Extensão Universitária em Âmbito Penal e Penitenciário. **Dossiê Extensão universitária e sistema penal-penitenciário: aportes teóricos e experiências de luta, projetos e ações,** v. 04, n. 1, jan.-dez., 2018. Disponível em: < https://periodicos.ufpel.edu.br/ojs2/index.php/ revistadireito/article/view/14728>. Acesso em 20 fev 2019

ALVES, Enedina do Amparo. **Rés Negras, Judiciário Branco**: uma análise da interseccionalidade de gênero, raça e classe na produção da punição em uma prisão paulistana. 2015. Dissertação (Mestrado) – Pontifica Universidade Católica de São Paulo, PUC/SP, SÃO PAULO, 2015.

AMERICA, Advocacy for Human Rights in. Wola, Nuevos Estudios Revelan un Incremento en El Encarcelamiento por Delitos de Drogas. Disponível em: <http://www.wola.org/es/noticias/ nuevos_estudios_revelan_un_incremento_en_el_encarcelamiento_ por_delitos_de_drogas>. Acesso em: 20 dez 2018.

Anuário Brasileiro de Segurança Pública 2016. **Fórum Brasileiro de Segurança Pública**. Disponível em: <http://www. forumseguranca.org.br/storage/10_anuario_site_18-11- 2016-retificado.pdf>. Acesso em: 7 abr. 2018.

ANDRADE, Vera Regina P. de. **Pelas mãos da criminologia:** O controle penal para além da (des)ilusão. Florianopolis: Instituto Carioca de Criminologia, 2012.

BARATTA, Alessandro. **Criminologia Crítica e Crítica do Direito Penal:** introdução à sociologia do direito penal. 6. ed. 2011, 1ª reimpressão. Rio de Janeiro: Revan: Instituo Carioca de Criminologia, 2013.

BARRETO, Ana Luísa Leão de Aquino. **Urgência Punitiva e tráfico de drogas:** as prisões cautelares entre práticas e discursos nas Varas de Tóxicos de Salvador. 2017. 146 f. Dissertação (Mestrado) – Faculdade de Direito, Universidade Federal do Rio de Janeiro, Rio de Janeiro, 2017.

BATISTA, Nilo. **Introdução Crítica à Criminologia Brasileira**. Rio de Janeiro: Revan, 2007.

BATISTA, Vera Malaguti. **Dificeis ganhos fáceis**. 2. ed. Rio de Janeiro: Revan, 2003.

———. **Introdução Crítica à Criminologia Brasileira.** 2. ed. Rio de Janeiro: Renavan, 2012.

BEAUVOIR, Simone. **O Segundo Sexo I.** Fatos e Mitos. 4 ed. São Paulo, Difusão Europeia do Livro, 1970.

———. **A Experiência Vivida**. 2ed. São Paulo, Difusão Europeia do Livro, 1967.

BELFORT, Juvêncio Costa. A violência institucional do sistema penal em que a mulher é vítima: uma análise da situação no Sistema Penitenciário Feminino de São Luís na perspectiva da ressocialização e reinserção de suas internas. **Instituto Brasileiro de Ciências Criminais.** Disponível em: <http://www.ibccrim.org.br/> Acesso em: 14 dez 2018.

BOITEUX, Luciana F. R. **Controle Penal Sobre as Drogas Ilícitas: o Impacto do Proibicionismo no Sistema Penal e na Sociedade**. Tese (Doutorado em Direito) - Faculdade de Direito da Universidade de São Paulo, São Paulo, 2006.

———. Mujeres y encarcelamiento por delitos de drogas. **Colectivo de Estudios Drogas y Derecho**, CEDD, 2015. Disponível em: <https://www.academia.edu/21691346/Mujeres_y_encarcelamiento_por_delitos_de_drogas>. Acesso em: 10 jan. 2019

BORGES, Juliana. **O que é encarceramento em massa?** Belo Horizonte: Letramento: Justificando, 2018a.

———. Mulheres negras na mira. **SUR**, São Paulo, v. 15, n. 28, dez. 2018b. Disponível em < https://sur.conectas.org/mulheres-negras-na-mira/>. Acesso em 10 jan. 2019.

BRASIL. **Constituição da República Federativa do Brasil de 05 de maio de 1988**. Disponível em: <http://www.planalto.gov.br/ccivil_03/Constituicao/Constituicao.htm>. 20 de mar. de 2018.

————. **Decreto-Lei 385 de 26 de dezembro de 1968.** Disponível em: <https://www2.camara.leg.br/legin/fed/declei/1960-1969/decreto-lei-385-26-dezembro-1968-378122-publicacaooriginal-1-pe.html>. Acesso em 20 set. 2018.

————. **Lei n. 5.726**, de 29 de outubro de 1971. Disponível em: <https://www2.camara.leg.br/legin/fed/lei/1970-1979/lei-5726-29-outubro-1971-358075-publicacaooriginal-1-pl.html>. Acesso em 16 nov. 2018.

————. **Lei n. 6.368**, de 21 de outubro de 1976. Disponível em: <http://www.camara.gov.br/sileg/integras/382861.pdf>. Acesso em 14 nov. 2018.

————. **Decreto-Lei n. 8.858, de 26 de setembro de 2016.** Disponível em: <http://www.planalto.gov.br/ccivil_03/_Ato2015-2018/2016/Decreto/D8858.htm>. Acesso em 15 nov. 2018.

————. **Lei n. 8.072, de 25 de julho de 1990**. Disponível em: <http://www.planalto.gov.br/ccivil_03/Leis/L8072.htm> Acesso em 30 set. 2018

————. **Lei n. 11.343, de 28 de agosto de 2006**. Lei de Drogas. Disponível em: < http://www.planalto.gov.br/ccivil_03/_ato2004-2006/2006/lei/l11343.htm>. Acesso em: 05 mai. 2018.

————. **Levantamento Nacional de Informações Penitenciárias - INFOPEN**. Brasília: Ministério da Justiça e Segurança Pública, Departamento Penitenciário Nacional, 2017a. Disponível em: <http://depen.gov.br/DEPEN/noticias-1/noticias/infopen-levantamento-nacional-de-informacoes-penitenciarias-2016/relatorio_2016_22111.pdf> Acesso em 05 nov. 2018

————. **Levantamento Nacional de Informações Penitenciárias – INFOPEN Mulheres**. 2. ed. Brasília: Ministério da Justiça e Segurança Pública, Departamento Penitenciário Nacional, 2014. Disponível em: <https://www.justica.gov.br/news/estudo-traca-perfil-da-populacao-penitenciaria-feminina-no-brasil/relatorio-infopen-mulheres.pdf>. Acesso em 15 jan. 2018.

————. **Levantamento Nacional de Informações Penitenciárias – INFOPEN Mulheres**. 2. ed. Brasília: Ministério da Justiça e Segurança Pública, Departamento Penitenciário Nacional, 2017b. Disponível em: <http://depen.gov.br/DEPEN/depen/sisdepen/infopen-mulheres/infopenmulheres_arte_07-03-18.pdf>. Acesso em 04 nov. 2018.

————. Poder Legislativo. **Lei n. 11.340, de 7 de agosto de 2006.** Disponível em: <http://www.planalto.gov.br/ccivil_03/_ato2004-2006/2006/lei/l11340.htm>. Acesso em: 15 abr. 2018.

————. **Resolução n.5 de 15 de fevereiro de 2012.** Disponível em: <http://www.planalto.gov.br/ccivil_03/_Ato2011-2014/2012/Congresso/RSF-05-2012.htm>. Acesso em 3 jan. 2018.

BRUM, N. de B. **Requisitos retóricos da sentença penal.** São Paulo: Ed. Revista dos Tribunais, 1980.

CAPPI, Riccardo. PENSANDO AS RESPOSTAS ESTATAIS ÀS CONDUTAS CRIMINALIZADAS: um estudo empírico dos debates parlamentares sobre a redução da maioridade penal (1993 – 2010). **Revista de Estudos Empíricos em Direito** vol. 1, n. 1, jan. 2014, p. 10-27. Disponível em: <reedpesquisa.org/revista/index.php/reed/article/download/6/6>. Acesso em: 30 dez. 2018.

CASTRO, Lola Aniyar de. **Criminologia da Libertação.** Rio de Janeiro: Revan.

————. Las Mujeres Infractoras. Impacto Y Amplificación de los Efectos de la Pena. **Capítulo Criminológico** vol. 30, n.4. Disponível em: <https://studylib.es/doc/8190044/las-mujeres-infractoras.-impacto-y-amplificaci%C3%B3n-de-los-e...>. Acesso em: 30 jan 2019

CARNEIRO, Aparecida Sueli. **A Construção do Outro Como Não-Ser Como Fundamento do Ser.** Tese (Doutorado) – Faculdade de Educação, Universidade de São Paulo, São Paulo, 2005.

CARVALHO, Jamile de. **"Nós Trafica, mas N**ós Nunca Tem Nada": Trajetórias **de Vida de Mulheres Criminalizadas por Tráfico de Drogas.** 2017. 132 f. Dissertação (Mestrado). Faculdade de Filosofia e Ciências Humanas, Universidade Federal da Bahia, Salvador, 2017

CARVALHO, Salo de. **Penas e Medidas de Segurança no Direito Penal Brasileiro:** fundamentos e aplicação judicial. São Paulo, Saraiva, 2013.

————. **A política criminal de drogas no Brasil** (Estudo Criminológico e Dogmático da lei 11.343/06). Rio de Janeiro: Lumen Juris, 2010a.

————. **Substitutivos penais na era do grande encarceramento.** *In Criminologia e Sistemas Jurídicos-Penais Contemporâneos II.* GAUER, Ruth Maria Chittó (org.). Porto Alegre, Universitária da PUCRS, 2010b.

CAMPOS, Carmen Hein de. **Criminologia Feminista:** teoria feminista e crítica às criminologias. 1. ed. Rio de Janeiro: Lumen Juris, 2017.

CERNEKA, Heidi Ann. **Homens que menstruam:** considerações acerca do sistema prisional às especificidades da mulher. Veredas do Direito. São Paulo: Instituto Terra, Trabalho e Cidadania; Pastoral Carcerária Nacional, 2009.

CHESKYS, Débora. **Mulheres invisíveis:** Uma análise da influência dos estereótipos de gênero na vida de mulheres encarceradas.

Disponível em: <http://www.dbd.puc-rio.br/pergamum/tesesabertas/1211301_2014_completo.pdf>. Acesso em: 5 dez. 2018.

CHRISTIE, Nils. **Limites à dor:** O Papel da Punição na política Criminal. Belo horizonte: D'Plácido, 2018.

Conselho Nacional de Justiça. **Censo do Poder Judiciário.** Disponível em: <http://www.cnj.jus.br/images/dpj/CensoJudiciario.final.pdf>. Acesso em 15 nov. 2018

CORTINA, Monica Ovinski de Camargo. Mulheres e tráfico de drogas: aprisionamento e criminologia feminista. **Revista Estudos Feministas vol.23 no.3.** Florianópolis Setembro-dezembro, 2015. Disponível em: <http://www.scielo.br/pdf/ref/v23n3/0104-026X-ref-23-03-00761.pdf>. Acesso em: 03 jun. 2018

COSTA, Elaine Pimentel. Amor bandido: as teias afetivas que envolvem a mulher no tráfico de drogas. **Mundos Sociais: Saberes e Práticas.** Disponível em: <http://historico.aps.pt/vicongresso/pdfs/708.pdf>. Acesso em 23 nov. 2018.

DAVIS, Angela Yvonne. **Are prisions obsolete?** New York: Seven Stories Press. 2003.

———. **Mulheres, Raça e Classe.** 1. ed. São Paulo: Boitempo, 2016.

DINIZ, Débora. **Cadeia:** Relatos Sobre Mulheres. 1. ed. Rio de Janeiro: Civilização Brasileira, 2015.

DINIZ, Debora; MEDEIROS, Marcelo; MADEIRO, Alberto. Pesquisa Nacional de Aborto 2016. **Ciência e saúde coletiva**, 2017, vol. 22, n. 2, p. 653-660. Disponível em: <http://www.scielo.br/pdf/csc/v22n2/1413-8123-csc-22-02-0653.pdf>. Acesso em: 3 jan. 2019

DORNELLAS, Mariana Paganote. O Encarceramento Feminino Sob a Perspectiva do Feminismo Interseccional. XXX Congreso Alas, 2017. Disponível em: <http://alas2017.easyplanners.info/opc/tl/7847_mariana_paganote_dornellas.pdf>. Acesso em: 30 nov 2018

FARIA, Thaís Dumêt. **História de um silêncio eloquente**: construção do estereótipo feminino e criminalização das mulheres no Brasil. Belo Horizonte: D'Plácido Editora, 2018.

FERNANDES, Daniel; FERNANDEZ, Gabriel; OLIVEIRA, Débora. Discursos Sobre o Tráfico: Uma análise das sentenças de mulheres em regime fechado no conjunto penal feminino de Salvador/Ba. In: PRADO, Alessandra Rapacci Mascarenhas; FERNANDES, Daniel Fonseca; FILHO, Ney Menezes de Oliveira. **Retratos do Sistema Penal:** Política de drogas e discurso jurídico. Salvador: Eduneb, 2020

FERRAJOLI, Luigi. **Direito e razão:** Teoria do garantismo penal. 4. ed., São Paulo: RT, 2014. (Terceira Parte, Cap. VII).

FIGUEIRA, Sandra de Almeida. **O olhar inverso** - as relações de poder no complexo de prisões da Rua Frei Caneca (1930 – 1960). 2012. 263 f. Dissertação (Mestre em Estudos Interdisciplinares em Memória Social) - Programa de Pós – Graduação em Memória Social, Universidade Federal do Estado do Rio de Janeiro, Rio de Janeiro 2012.

FILHO, José Carlos Abissamra. Revista vexatória: o estupro institucionalizado. **Instituto Brasileiro de Ciências Criminais.** Disponível em: < https://www.ibccrim.org.br/boletim_artigo/5279-Revista-vexatria-o-estupro-institucionalizado>. Acesso em: 12 dez. 2018.

FLAUZINA, Ana Luiza Pinheiro. **Corpo negro caído no chão**: o sistema penal e o projeto genocida do Estado. 2006. 145 f. Dissertação (Mestrado em Direito) – Universidade de Brasília, Brasília, 2006.

FLAUZINA, Ana Luiza Pinheiro; FREITAS, Felipe. Enunciando dores, assinando resistência. In: FLAUZINA, Ana Luiza Pinheiro; FREITAS, Felipe; VIEIRA, Hector; PIRES, Thula. **Discursos Negros:** Legislação penal, política criminal e racismo. Brasília: Brado Negro, 2015.

FOUCAULT, Michel. **Vigiar e punir: História das violências nas prisões**. Tradução de Raquel Ramalhete. 20. ed. Petropólis, RJ: Vozes, 1999.

FUNARI, Pedro Paulo. **A Grécia e Roma.** 2. ed. São Paulo: Contexto, 2002.

GIACOMELLO, Corina. Women, drug offenses and penitentiary systems in Latin America. **International Drug Policy Consortium**, 2013. Disponível em: <https://www.unodc.org/documents/congress/background-information/NGO/IDPC/IDPC-Briefing-Paper_Women-in-Latin-America_ENGLISH.pdf>. Acesso em: 20 dez. 2018.

GOFFMAN, Erving. **Manicômios, Prisões e Conventos.** São Paulo: Perspectiva, 1974.

GONZALEZ, Lélia. Racismo e sexismo na cultura brasileira. In: **Revista Ciências Sociais Hoje**, 1984, Anpocs, p. 223-244. Disponível em: < https://www.academia.edu/27681600/Racismo_e_Sexismo_na_Cultura_Brasileira_-_L%C3%A9lia_Gonzales.pdf >. Acesso em: 14 jan. 2018

HERNANDES, Camila Ribeiro; OLIVEIRA, Débora Moreno M. Mulheres e direito penal: reflexos do patriarcado no controle punitivo exercido pelo estado. In: ROCHA, Julio Cesar de Sá da. **Direitos Humanos em Perspectiva:** desafios jurídicos emancipatórios. Salvador: EDUFBA, 2019.

HOWARD, Caroline (org). **Direitos humanos e mulheres encarceradas.** São Paulo, Instituto Terra, Trabalho e Cidadania; Pastoral Carcerária do Estado de São Paulo, 2006.

JACINTO, Gabriela; MANGRICH, Cláudia; BARBOSA, Mario Davi. Esse é meu serviço, eu sei que é proibido: Mulheres aprisionadas por

tráfico de drogas. **Instituto Brasileiro de Ciências Criminais.**
Disponível em: <http:www.ibccrim.org.br>. Acesso em: 17 mar. 2018.

JAKOBS, Gunther. **Direito Penal do Inimigo:** Noções e
Críticas. Porto Alegre: Livraria do Advogado, 2005.

JESUS, Maria G. M. **O que está no mundo _não_ está nos autos:** a
construção da verdade jurídica nos processos criminais de tráfico de
drogas. 2016. 276 f. Tese (Doutorado) – Faculdade de Filosofia, Letras
e Ciências Humanas, Universidade de São Paulo, São Paulo, 2016

KHALED JUNIOR, Salah Hassan; ROSA, Alexandre Morais da. In **Dubio pro
hell: profanando o sistema penal**. Rio de Janeiro: Lumen Juris, 2014

KRAMER, Heinrich; SPRENGER, James. **O Martelo das Feiticeiras.**
Tradução Paulo Froes. 1. ed. Rio de Janeiro: BestBolso, 2015.

LEMGRUBER, Julita. **Cemitério dos vivos:** análise sociológica de
uma prisão de mulheres. 2 ed. Rio de Janeiro: Forense, 1999.

LESSA, Sérgio e Ivo Tonet. **Introdução à Filosofia de Marx.**
São Paulo, Editora Expressão Popular, 2011.

LOMBROSO, Cesare; FERRERO, William.**The Female offender**.
New York: D. Appleton and Company, 1898.

————. **O homem delinquente.** Tradução Sebastião
José Roque. São Paulo: Ícone, 2007.

LOPES, Aury; MORAIS, Alexandre. Contaminação (In)Consciente do Julgador
e a Exclusão Física do Inquérito. Consultório Jurídico. Disponível em:
<https://www.conjur.com.br/2018-out-26/limite-penal-contaminacao-
inconsciente-julgador-exclusao-inquerito>. Acesso em 10 jan 2019.

LOPES JUNIOR, Aury; GLOECKNER, Ricardo Jacobsen. **Investigação
preliminar no processo penal**. São Paulo: Saraiva, 2014

LOURENÇO, Luiz Claudio. Prisão e dinâmicas de criminalidade: notas
e possíveis efeitos das estratégias de Segurança Pública na Bahia
(2005-2012). In: **O público e o privado**. Revista do PPG em
Sociologia da Universidade Estadual do Ceará – UECE, 2015.

MALHEIRO, Luana Silva Bastos. **Tornar-se mulher usuária
de crack**: trajetórias de vida, cultura de uso e política sobre
drogas no centro de Salvador, Bahia. 2018. 292 f. Dissertação
(Mestrado) – Faculdade de Filosofia e Ciências Humanas,
Universidade Federal da Bahia, Salvador, 2018.

————. **Entre Sacizeiro, usuário e patrão**: um estudo etnográfico
sobre consumidores de crack no centro histórico de Salvador.
In: MACRAE, Edward; TAVARES, Luiz Alberto; NUÑEZ,
Maria Eugênia (Org.). **Crack**: contextos, padrões e propósitos
de uso. Salvador: EDUFBA, CETAD, 2013, p. 223-314.

————. Tornando-se um usuário de crack. In: NERY FILHO, Antonio; MACRAE, Edward; TAVARES, Luiz Alberto; RÊGO, Marlize; NUÑEZ, Maria Eugênia (Org.). **As drogas na contemporaneidade:** perspectivas clínicas e culturais. Salvador: EDUFBA, CETAD, 2012, p. 79-100.

MARONA, Cristiano Avila. Os novos rumos da política de drogas: enquanto o mundo avança, o Brasil corre risco de retroceder. In: SHECAIRA, Sérgio Salomão (org.). **Drogas: uma nova perspectiva.** São Paulo: IBCCRIM, 2014.

MARX, Karl. **Contribuição à Crítica da Economia Política.** São Paulo: Expressão popular, 2008.

————. **O Capital.** Moscow: Progress Publishers, 1887.

MBEMBE, Achille. Necropolítica. Melusina. Tradução a cargo de Renata Santini. **Revista do ppgav/eba/ufrj** n. 32, 2016. Disponível em: <https://revistas.ufrj.br/index.php/ae/article/view/8993>. Acesso em: 13 ago. 2018.

MENDES, Soraia da Rosa. **Criminologia feminista:** novos paradigmas. São Paulo: Saraiva, 2014.

NASCIMENTO, Abdias. **O Genocídio do negro brasileiro:** processo de um racismo mascarado. Rio de Janeiro: Paz e Terra, 1978.

NETTO, José Paulo. **Introdução ao Estudo do Método de Marx.** São Paulo, Expressão Popular, 2011.

NUNES, Adeildo. A mulher e a prisão. **Instituto Brasileiro de Ciências Criminais.** Disponível em: <http://www.ibccrim.org.br/> Acesso em: 3 nov 2018.

OLIVEIRA, Débora Moreno de Moura. **MULHERES E PENAS ALTERNATIVAS:** A Inadequação da Pena Privativa de Liberdade em um Estado Democrático de Direito. Trabalho de Conclusão de Curso de Graduação – Faculdade de Direito, Universidade Federal da Bahia, Salvador, 2014.

OLIVEIRA, Débora Moreno de Moura; PRADO, Alessandra Rapassi Mascarenhas. A punição de mulheres traficantes. **Revista Jurídica,** v. 2, n. 43, 2016.

OLIVEIRA, Nathália; RIBEIRO, Eduardo. O Massacre Negro Brasileiro na Guerra às Drogas. **SUR**, São Paulo, v. 15, n. 28, dez. 2018. Disponível em <https://sur.conectas.org/mulheres-negras-na-mira/>. Acesso em 16 jan. 2019

OLSEN, Frances. El sexo delderecho. Disponível em: <http://www.uasb.edu.ec/UserFiles/372/File/pdfs/NOTICIASYSUCESOS/2009/El%20sexo%20del%20derecho%20(Frances%20Olsen).pdf> Acesso em 05 dez. 2018

PIRES, Thula. Do Ferro Quente ao Monitoramento Eletrônico: Controle, Desrespeito e Expropriação de Corpos Negros pelo Estado. In: FLAUZINA, Ana Luiza Pinheiro; FREITAS, Felipe; VIEIRA, Hector; PIRES, Thula. **Discursos Negros:** Legislação penal, política criminal e racismo. Brasília: Brado Negro, 2015

PRADO, Alessandra R. M.; MENEZES, Ney. **Prisão e Estigma:** Reflexões sobre as visitas discentes às unidades prisionais, 2018. Disponível em: <https://www.academia.edu/37974832/PRIS%C3%83O_E_ESTIGMA_REFLEX%C3%95ES_SOBRE_AS_VISITAS_DISCENTES_%C3%80S_UNIDADES_PRISIONAIS>. Acesso em 30 dez 2018

PRATES, Adriana.; MALHEIRO, L. **Metodologia do Encontro**. In: CETAD. Projeto Técnico do Ponto de Encontro. 2011.

PITCH, Tamar. **Um derecho para dos:** la construcción jurídica de género, sexo y sexualidad. Madrid: Trotta, 2003.

PRIORE, Mary del. **História das Mulheres no Brasil**, 7. ed. São Paulo: Contexto, 2004.

RAMOS, Gabriela. **"Como Se Fosse Da Família": O Trabalho Doméstico Na Assembleia Nacional Constituinte De 1987/1988. 2018.** Dissertação (Mestrado). Faculdade de Direito, Universidade Federal da Bahia. Salvador, 2018.

REIS, V. **Atucaiados pelo Estado**: as Políticas de Segurança Pública Implementadas nos Bairros Populares de Salvador e suas Representações, 1991-2001. 2005. 247 f. Dissertação (Mestrado) — Faculdade de Filosofia e Ciências Humanas, Universidade Federal da Bahia. Salvador, 2005.

RIBEIRO, Darcy. **Sobre o Obvio**, palestra concedida em 1977. Disponível em: <https://www.soescola.com/2018/07/educacao-no-brasil.html> acesso em 20 jan. 2019

RITA, Rosangela Peixoto Santa. **Mães e crianças atrás das grades:** em questão o princípio da dignidade da pessoa humana. Distrito Federal, 2007. Disponível em: <http://repositorio.unb.br/handle/10482/6377>. Acesso em: 20 set 2017.

RODRIGUES, Raymundo Nina. **As raças humanas e a responsabilidade penal no Brasil.** Rio de Janeiro: Centro Edelstein de Pesquisas Sociais, 2011.

RODRIGUES, Thiago. **Narcotráfico**: uma guerra na guerra. 2. ed. São Paulo: Desatino, 2012.

ROIG, Rodrigo D. E. **Aplicação da Pena:** limites, princípios e novos parâmetros. 2. ed. São Paulo: Saraiva, 2015.

RUSSELL, Emma; CARLTON, Bree Carlton. **Pathways, race and gender responsive reform:** Through an abolitionist lens. Theoretical Criminology, 2013.

SAAD, Luísa Gonçalves. **"Fumo de negro":** a criminalização da maconha no Brasil (c. 1890-. 1932). 2013. 139 f. Dissertação (Mestrado) – Faculdade de História. Salvador, Universidade Federal da Bahia, Salvador, 2013.

SAFFIOTI, Heleieth. **A Mulher Na Sociedade De Classes.** Mito E Realidade. São Paulo, Editora Expressão Popular, 2013.

————. **Gênero Patriarcado Violência.** 2. ed. São Paulo: Expressão Popular, 2015.

SÁNCHEZ, Jesús-María Silva. **A Expansão do Direito Penal.** Aspectos da política criminal nas sociedades pós-industriais. São Paulo, Revista dos tribunais, 2002.

SANTOS, Adriana da S. Ó PaÍ, Prezada! Racismo **e Sexismo Institucionais Tomando Bonde no Conjunto Penal Feminino de Salvador.** 2014. 200 f. Dissertação (Mestrado). Faculdade de Filosofia e Ciências Humanas, Universidade Federal da Bahia. Salvador, 2014.

SCHECAIRA, Sérgio Salomão (org.). **Drogas:** uma nova perspectiva. São Paulo, IBCCRIM, 2014.

SEGATO, Rita Laura. **La guerra contra las mujeres.** Madrid: Traficantes de Sueños, 2016

STRECK, Lenio. **A verdade das mentiras e as mentiras da verdade (real).** Disponível em: <https://www.conjur. com.br/2013-nov-28/senso-incomum-verdade-mentiras-mentiras-verdade-real>. Acesso em 03 jan. 2019.

TEIXEIRA, Adriano. **Teoria da aplicação da pena: fundamentos de uma determinação judicial da pena proporcional ao fato.** 1 ed., São Paulo: Marcial Pons, 2015.

TEIXEIRA, Isabela Bentes Abreu. **Expurgos urbanos:** epidemia e gestão penal na política de enfrentamento ao crack. 2015. 174 f. Dissertação (Mestrado) – Instituto de Ciências Sociais, Universidade de Brasília, Brasília, 2015.

ULIANOV, Vladimir Llyitch (Lênin). **O Estado E A Revolução.** Campinas: FE/UNICAMP, 2011

VALOIS, Luís Carlos. **O Direito Penal da Guerra às Drogas.** 3. ed. Belo Horizonte: D'Plácido, 2019a.

————. **Processo de Execução Penal:** e o estado de coisas inconstitucionais. 1. Ed. 2019b.

WACQUANT, L. **Punir os pobres:** a nova gestão da miséria nos EUA. Rio de Janeiro: Editora Freitas Bastos, 2001, Revan, 2003.

ZAFFARONI, E. Raúl; BATISTA, Nilo; ALAGIA, Alejandro e SLOKAR, Alejandro. **Direito Penal Brasileiro:** primeiro volume - Teoria Geral do Direito Penal, 2ª ed. Rio de Janeiro: Revan, 2003.

ZAFFARONI, Eugenio. Raúl. **Em busca das penas perdidas.** 3. ed. Rio de Janeiro: Revan, 1998.

Apêndice

Lista dos processos/decisões judiciais

1.	0000236-92.2014.805.0018
2.	0549945-85.2017.805.0001
3.	0000498-17.2013.805.0264
4.	0007868-36.2009.805.0022
5.	0301954-60.2014.805.0112
6.	0570330-59.2014.805.0001

- editoraletramento
- editoraletramento.com.br
- editoraletramento
- company/grupoeditorialletramento
- grupoletramento
- contato@editoraletramento.com.br
- editoraletramento

- editoracasadodireito.com.br
- casadodireitoed
- casadodireito
- casadodireito@editoraletramento.com.br